# Learn Numbers in Spanish

## with Camron and Chloe

**Denver International SchoolHouse**

# Learn Numbers in Spanish with Camron and Chloe
Denver International SchoolHouse

**© 2021 Denver International SchoolHouse**

All rights reserved. No part of this publication may be reproduced, stored in a retrieval system or transmited in any form or by any means, electronic, mechanical, photocopying, recording or otherwise without the prior permision of the publisher or in accordance with the provisions of the Copyright, Designs and Patents Act 1988 or under the terms of any licence permitting limited copying issued by the Copyright Licensing Angency.

**ISBN :** 978-1-7358013-7-7

Nombre:_____

# Uno

Colorea el número 1. Colorea la fresa.

Traza el número 1.

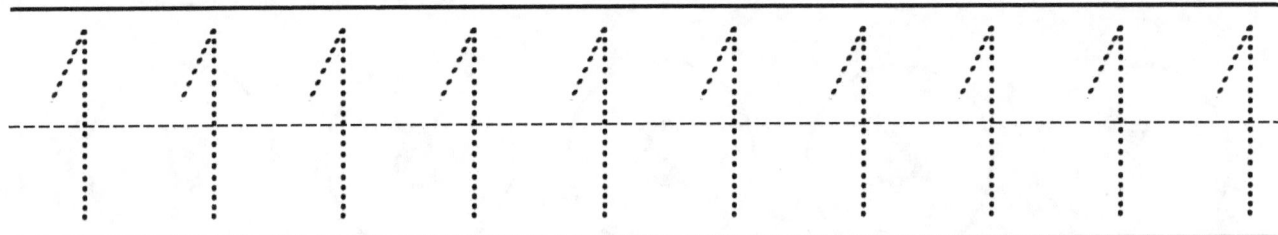

Encierra en un círculo el cuadro que muestra 1.

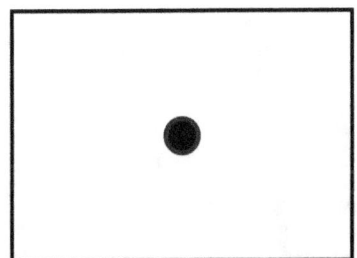 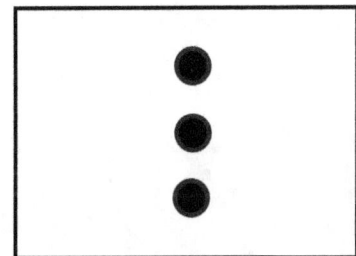 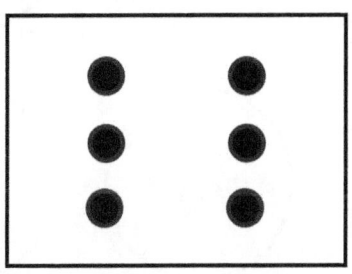

Nombre:_____

# Uno

Colorea solo el número 1.

| 3 | 1 | 5 |
| 4 | 6 | 1 |

2  6  1  3  5
1  4  2  5  6
6  2  1
4  1  3

**1**

Denver International SchoolHouse

Nombre: _____

Colorea

Pinta

Busca y colorea

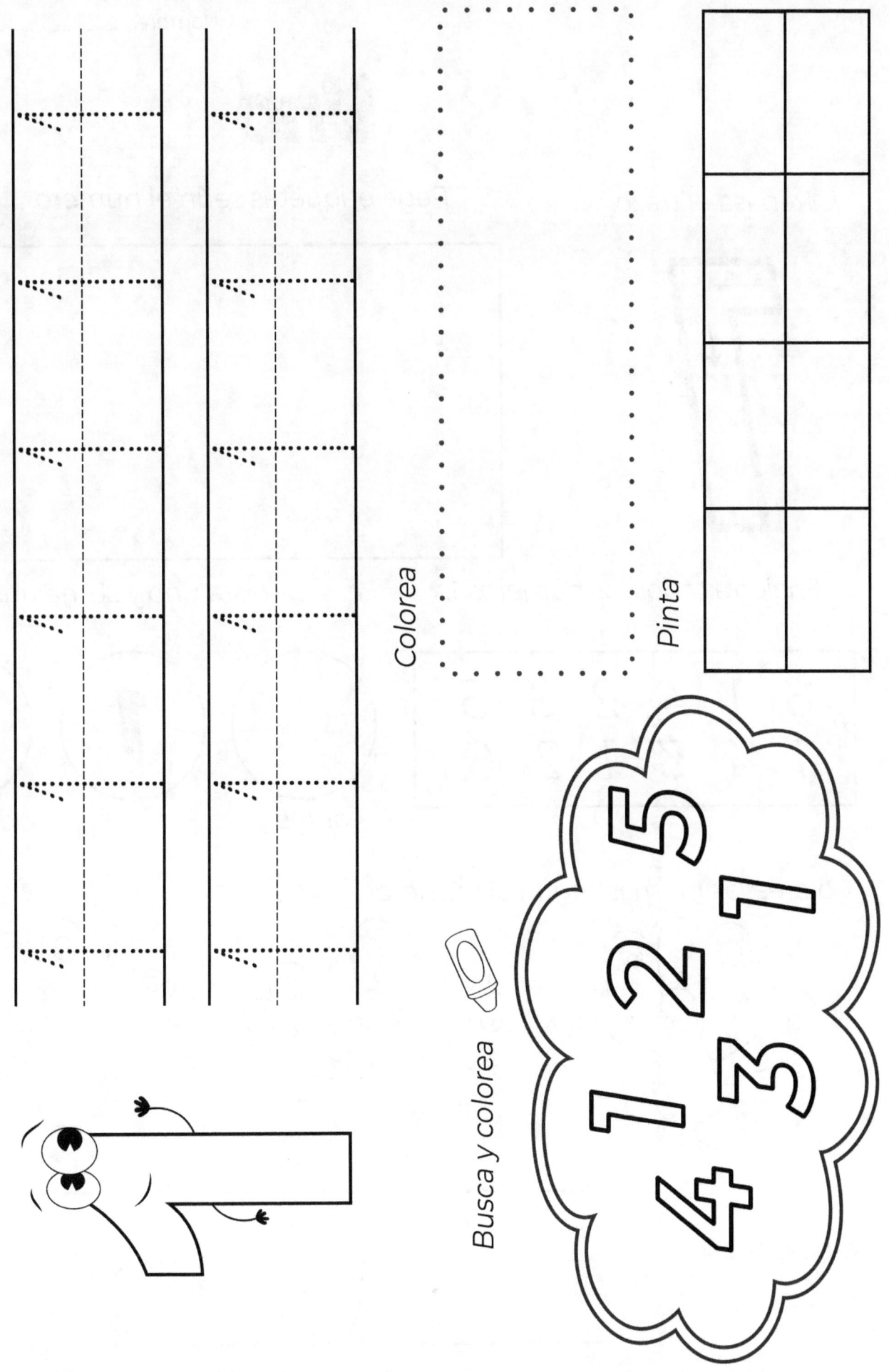

Denver International SchoolHouse

Nombre:_____

# Uno

Repasa el trazo.  Pega etiquetas seún el número.

Encierra todos los números 1.   Resta uno y suma uno.

| 6 | 1 | 4 | 2 | 3 | 5 |
| 1 | 4 | 3 | 1 | 2 | 6 |

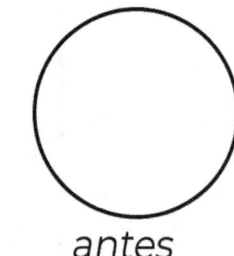  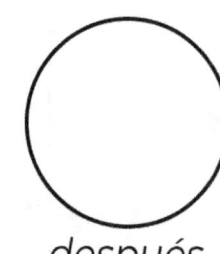

antes　　　　　　　después

Colorea las plumas según el número.

Repasa la escritura.　　Uno

Nombre:_____

# Uno

Traza el número. Traza la palabra numérica.

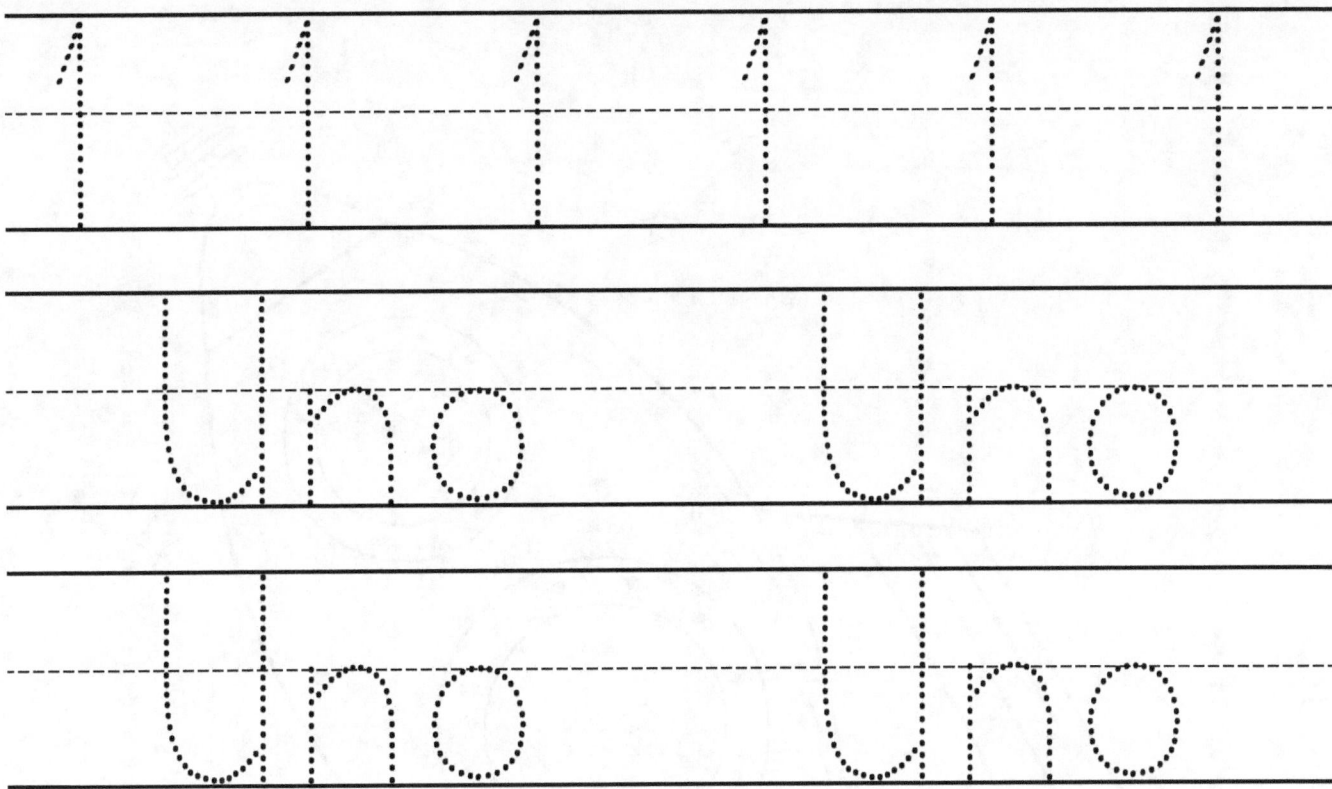

Ahora, practique escribiendo el número y la palabra numérica por su cuenta.

Denver International SchoolHouse

Nombre:_____

# Uno

*Colorea el cohete.*

Denver International SchoolHouse

Nombre:_____

# Dos

Colorea el número 2. Colorea los 2 patos.

Traza el número 2.

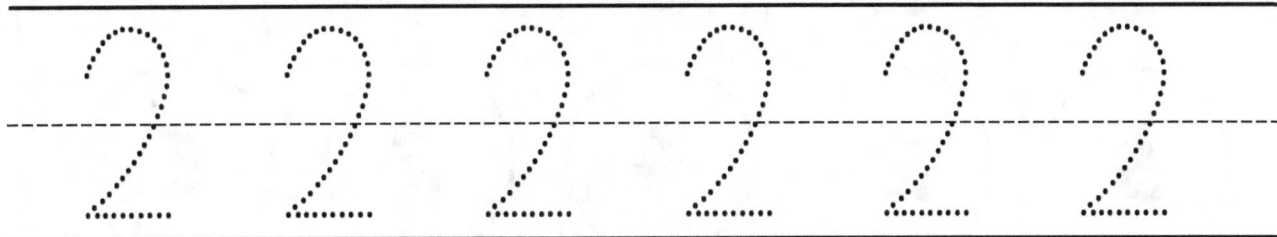

Encierra en un círculo el cuadro que muestra 2.

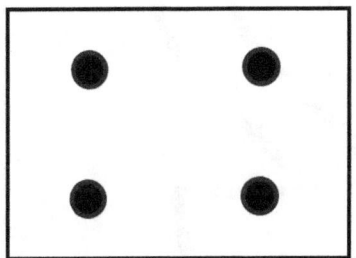 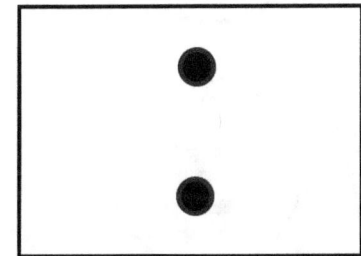 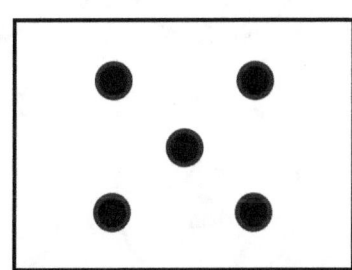

Nombre:_____

# Dos

Colorea solo el número 2.

| 3 | 5 | 2 |
|---|---|---|
| 2 | 6 | 5 |

| 4 | 6 | 1 | 3 | 2 |
|---|---|---|---|---|
| 5 | 2 | 4 | 2 | 6 |

| 6 | 4 | 5 |
|---|---|---|
| 2 | 5 | 3 |

**2**

Denver International SchoolHouse

Nombre: _____

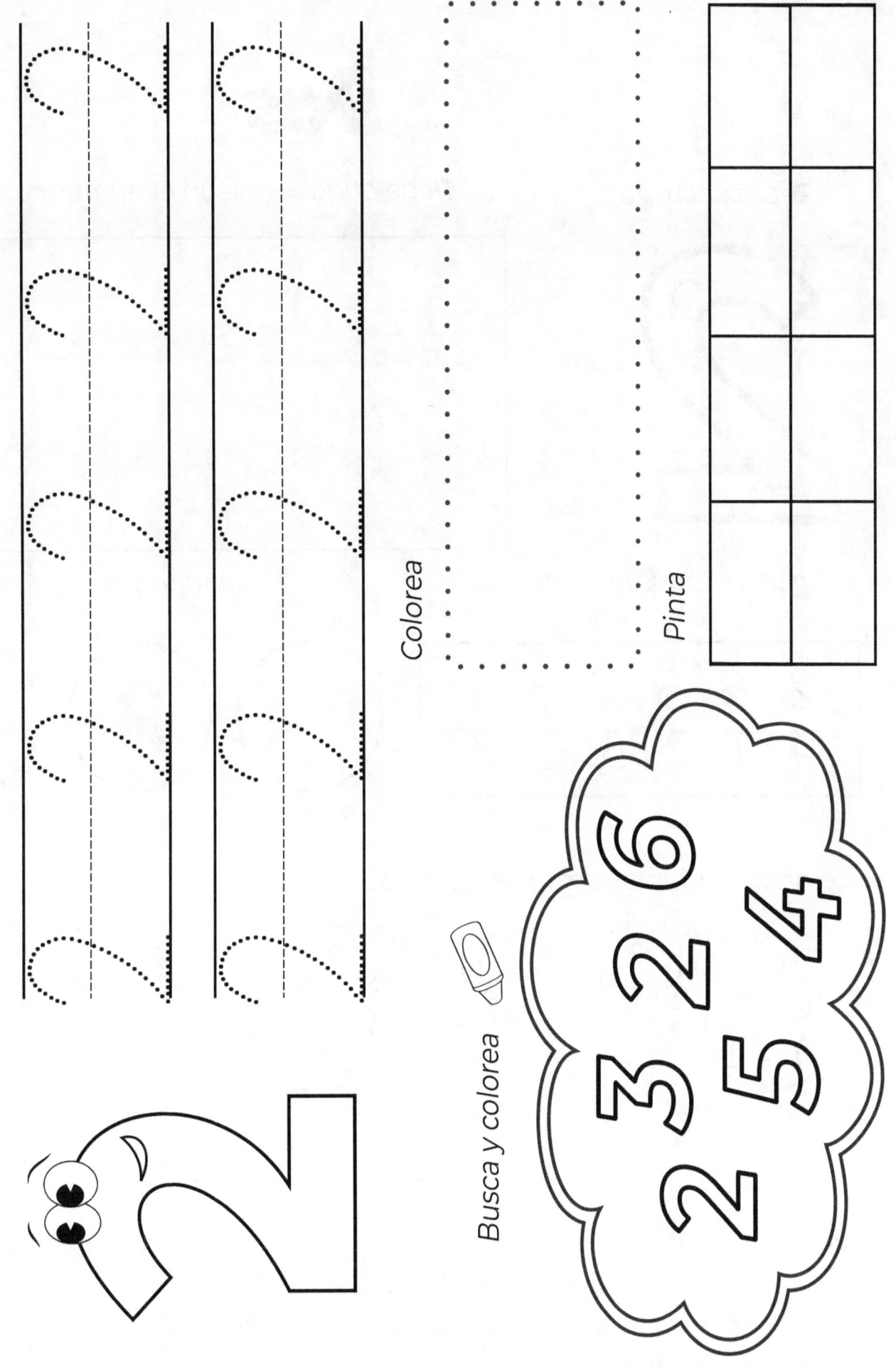

Colorea

Pinta

Busca y colorea

Nombre:_____

# Dos

Repasa el trazo

Pega etiquetas seún el número

Encierra todos los números 2

2 6 5 2 3 1
4 1 2 5 2 3

Resta uno y suma uno

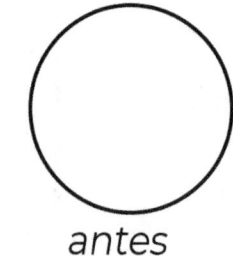  

antes · después

Colorea las plumas según el número

Repasa la escritura

Nombre:_____

# Dos

Traza el número. Traza la palabra numérica.

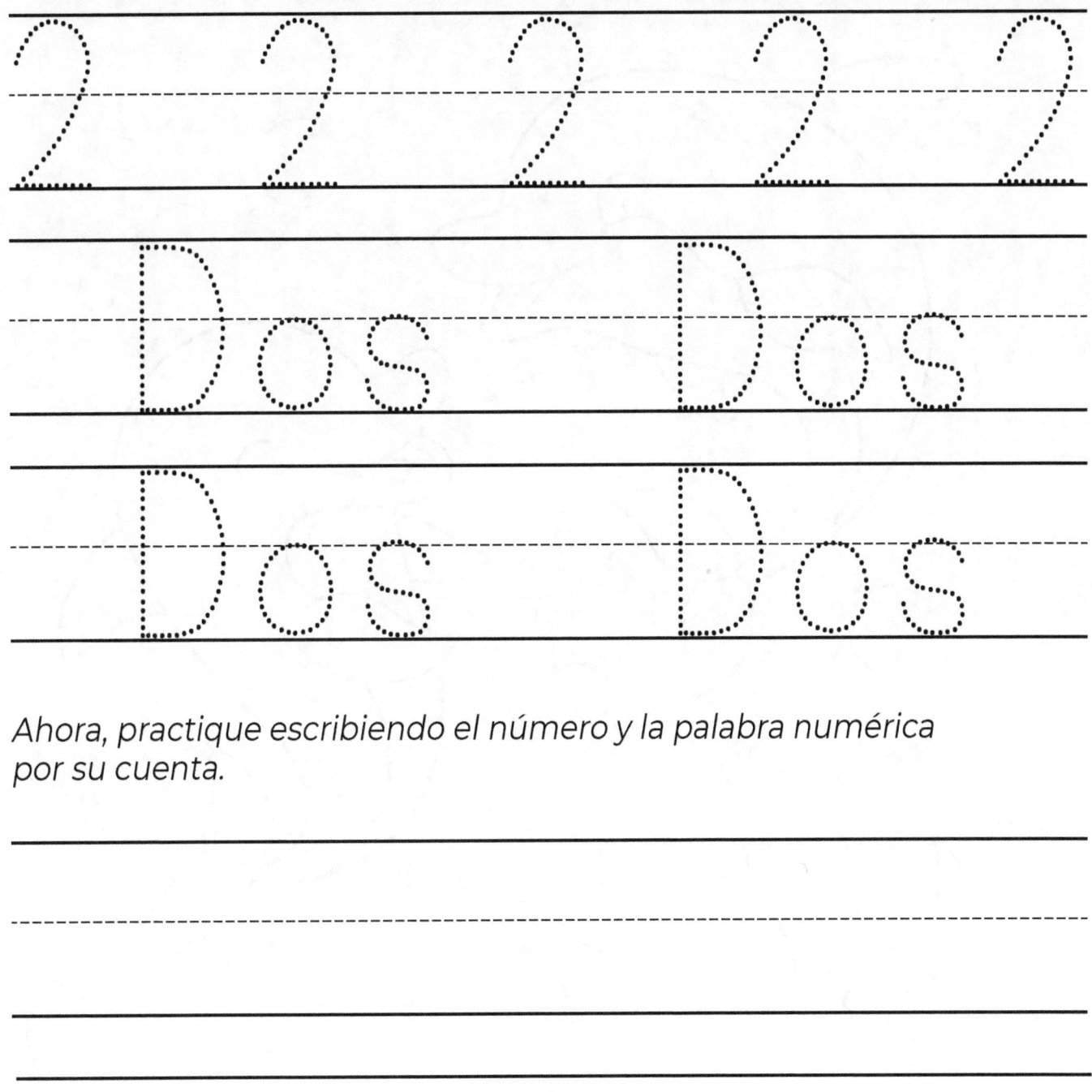

Ahora, practique escribiendo el número y la palabra numérica por su cuenta.

Nombre:_____

# Dos

Colorea los 2 delfines.

Denver International SchoolHouse

Nombre:_____

# Tres

Colorea el número 3. Colorea las 3 ocas.

Traza el número 3.

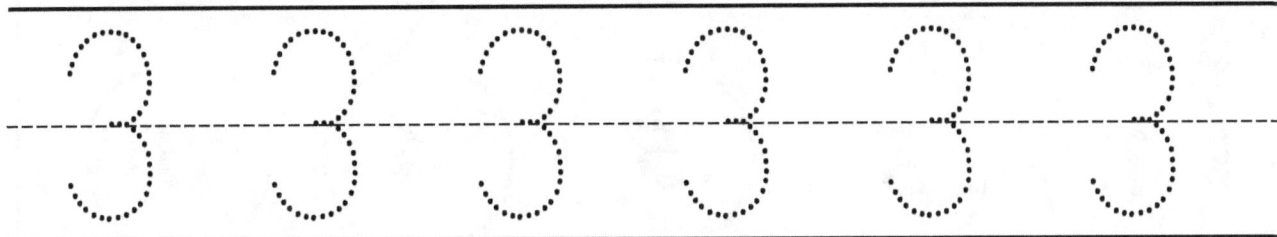

Encierra en un círculo el cuadro que muestra 3.

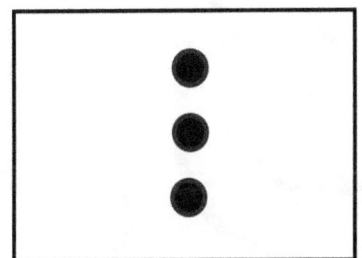 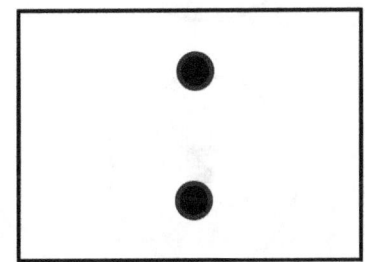 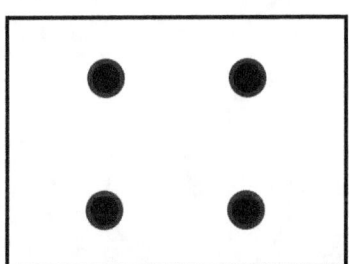

Nombre:_____

# Tres

*Colorea solo el número 3.*

| 2 | 5 | 3 |
|---|---|---|
| 6 | 3 | 1 |

| 3 | 5 | 1 | 2 | 3 |
|---|---|---|---|---|
| 1 | 3 | 5 | 4 | 6 |

| 3 | 4 | 5 |
|---|---|---|
| 1 | 2 | 3 |

**3**

Denver International SchoolHouse        14

Nombre: _____

Colorea

Pinta

Busca y colorea

Nombre:_____

# Tres

Repasa el trazo

Pega etiquetas seún el número

Encierra todos los números 3

| 3 | 5 | 1 | 2 | 3 | 4 |
| 1 | 5 | 3 | 3 | 2 | 5 |

Resta uno y suma uno

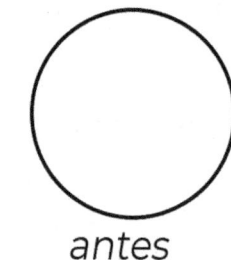      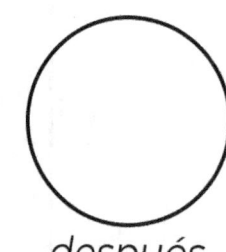

antes　　　　　　después

Colorea las plumas según el número

Repasa la escritura

Denver International SchoolHouse　　　16

Nombre:_____

# Tres

*Traza el número. Traza la palabra numérica.*

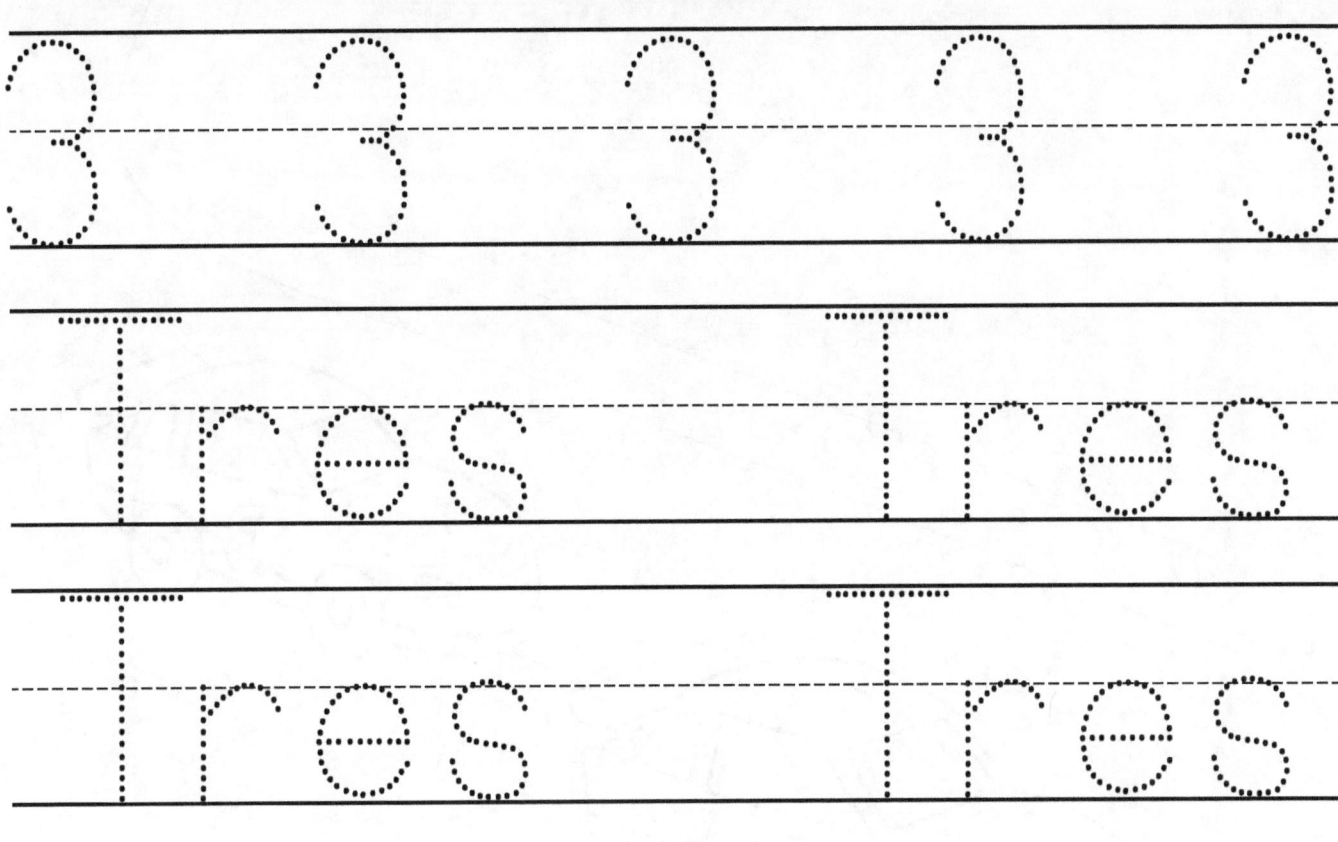

*Ahora, practique escribiendo el número y la palabra numérica por su cuenta.*

Nombre:_____

# Tres

Colorea los 3 carros.

Denver International SchoolHouse

Nombre:_____

# Cuatro

Colorea el número 4. Colorea los 4 girasoles.

Traza el número 4.

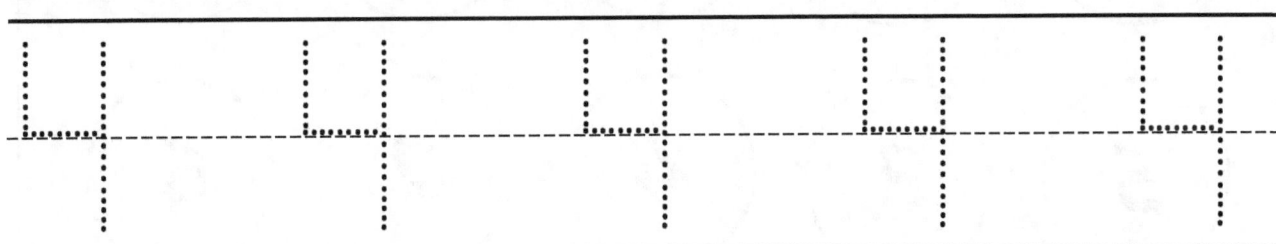

Encierra en un círculo el cuadro que muestra 4.

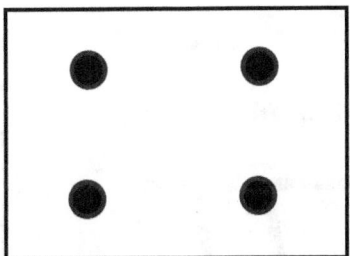 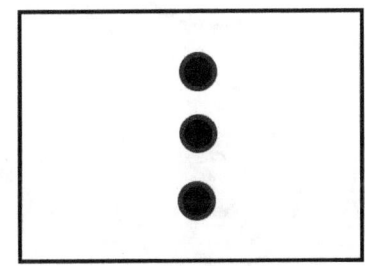 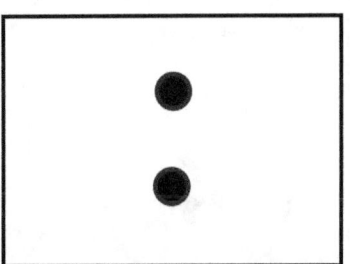

Nombre:_____

# Cuatro

*Colorea solo el número 4.*

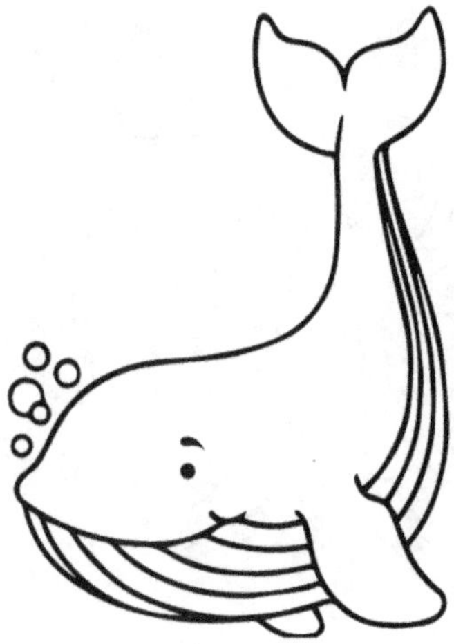

|   |   |   |   |   |
|---|---|---|---|---|
|   |   | 1 | 5 | 4 |
|   |   | 2 | 4 | 5 |
| 4 | 7 | 1 | 3 | 2 |
| 5 | 8 | 4 | 2 | 6 |
| 1 | 4 | 5 |   |   |
| 4 | 5 | 3 |   | 4 |

Nombre: _____

Colorea

Pinta

Busca y colorea

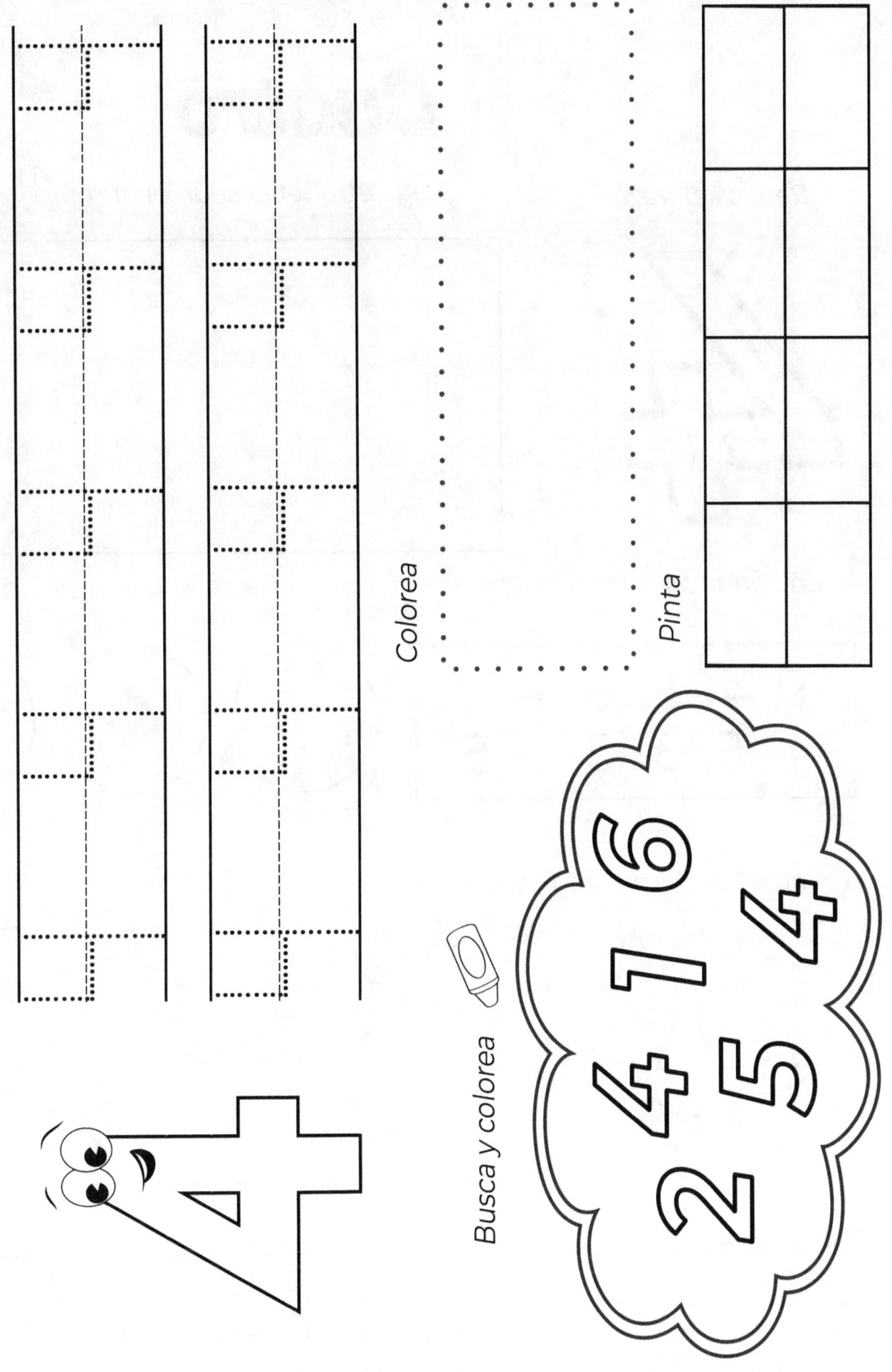

Nombre:_____

# Cuatro

Repasa el trazo

Pega etiquetas seún el número

Encierra todos los números 4

3 4 5 6 4 1
4 5 3 2 1 6

Resta uno y suma uno

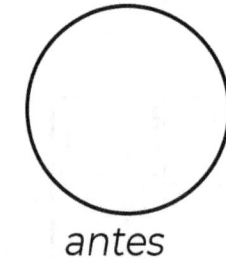  

antes  despúes

Colorea las plumas según el número

Repasa la escritura

Cuatro

Denver International SchoolHouse

Nombre:_____

# Cuatro

*Traza el número. Traza la palabra numérica.*

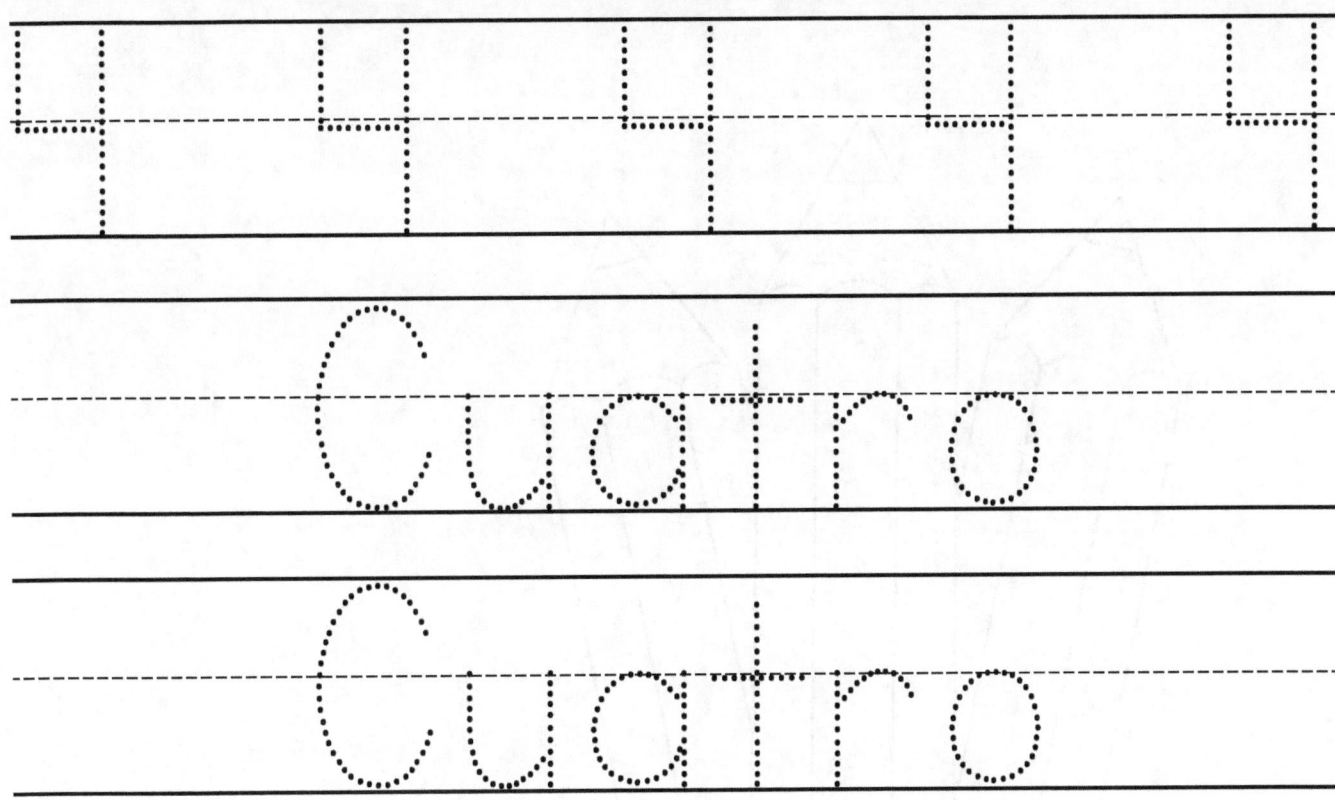

*Ahora, practique escribiendo el número y la palabra numérica por su cuenta.*

Nombre:_____

# Cuatro

*Colorea los 4 lápices.*

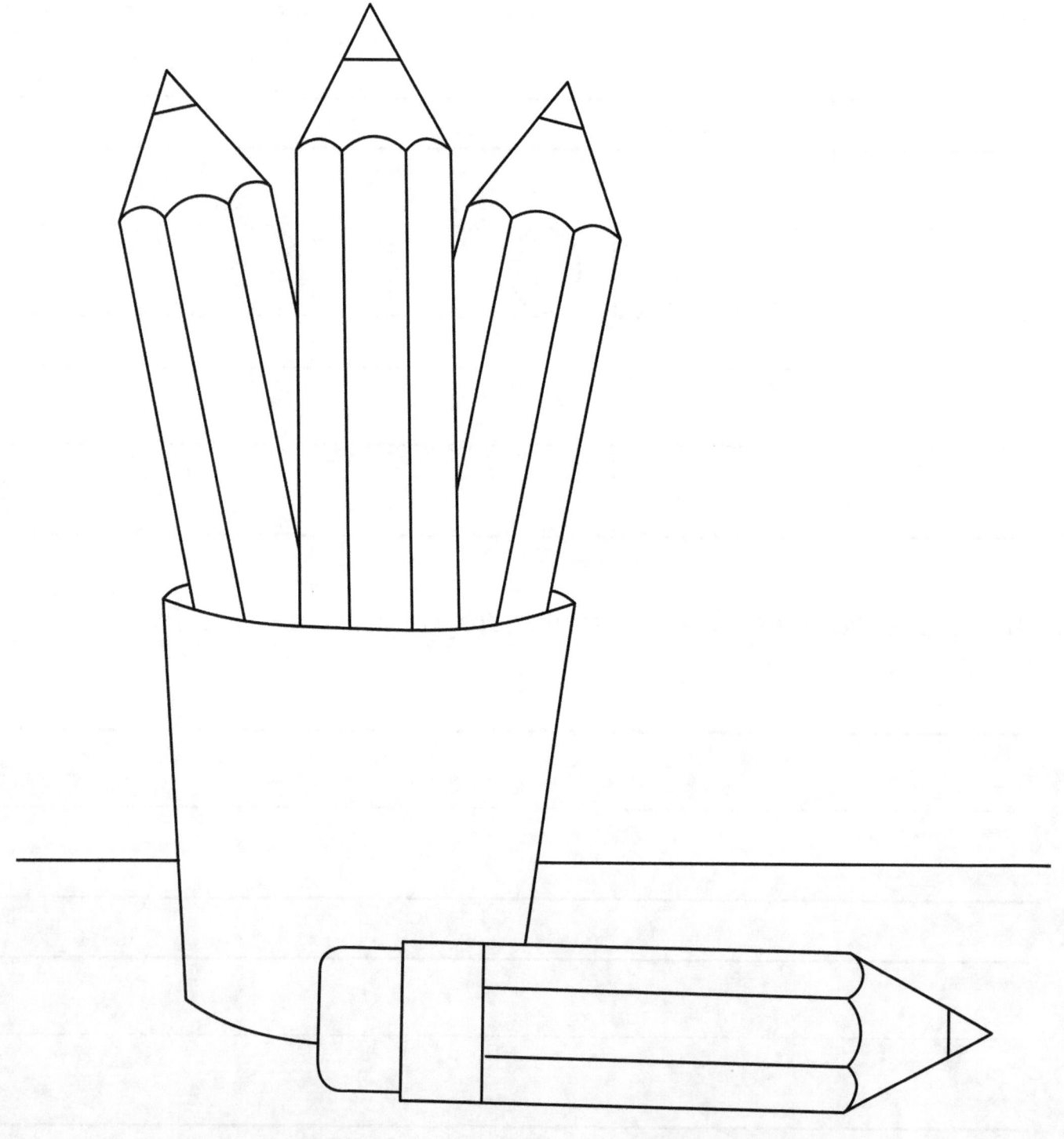

Nombre:_____

# Cinco

*Colorea el número 5. Colorea las 5 ovejas.*

*Traza el número 5.*

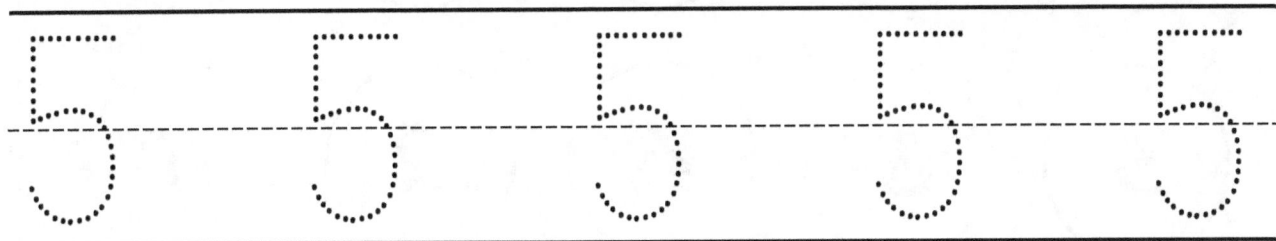

*Encierra en un círculo el cuadro que muestra 5.*

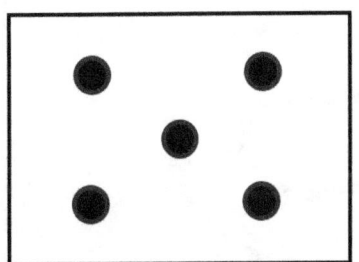 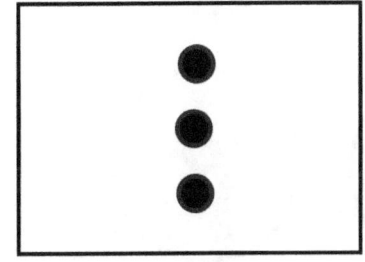 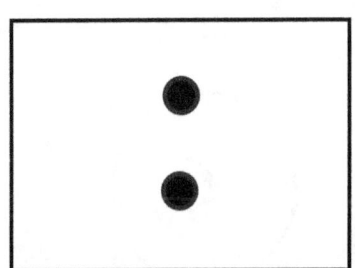

Nombre:_____

# Cinco

*Colorea solo el número 5.*

| | | |
|---|---|---|
| 6 | 5 | 4 |
| 2 | 3 | 5 |

| | | | | |
|---|---|---|---|---|
| 6 | 7 | 5 | 3 | 2 |
| 5 | 3 | 4 | 2 | 6 |

7  4  5

4  5  8

**5**

Denver International SchoolHouse     26

Nombre: _____

Colorea

Pinta

Busca y colorea

Nombre:_____

# Cinco

Repasa el trazo

Pega etiquetas seún el número

Encierra todos los números 5

| 6 | 5 | 4 | 3 | 2 | 1 |
| 8 | 5 | 4 | 5 | 3 | 1 |

Resta uno y suma uno

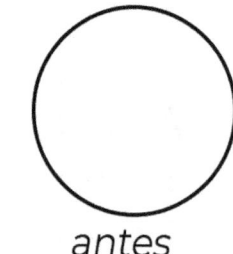  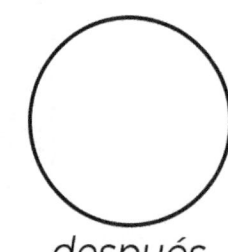

antes  después

Colorea las plumas según el número

Repasa la escritura    Cinco

Nombre:_____

# Cinco

Traza el número. Traza la palabra numérica.

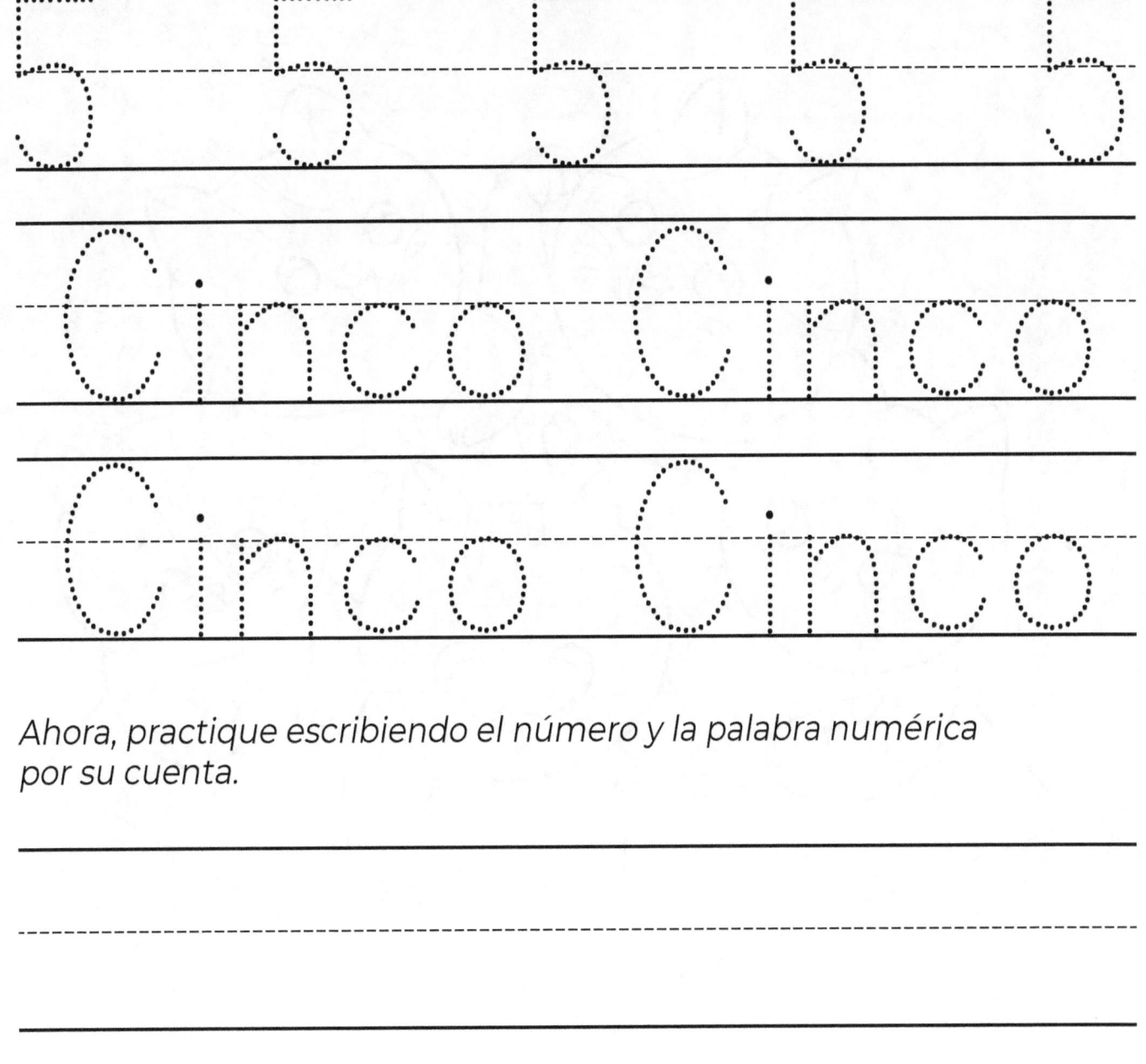

Ahora, practique escribiendo el número y la palabra numérica por su cuenta.

Nombre:_____

# Cinco

*Colorea los 5 gatos.*

Nombre:_____

# Seis

Colorea el número 6. Colorea las 6 nubes.

Traza el número 6.

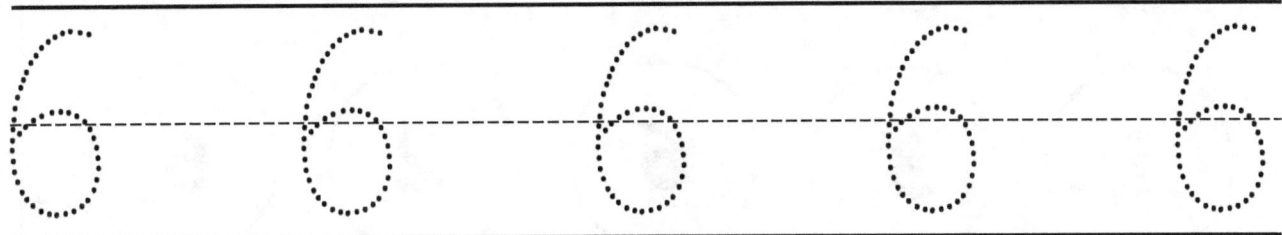

Encierra en un círculo el cuadro que muestra 6.

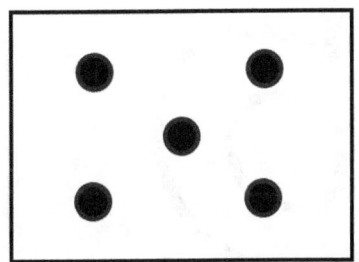 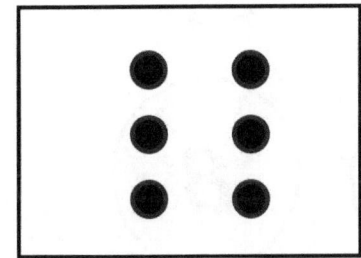 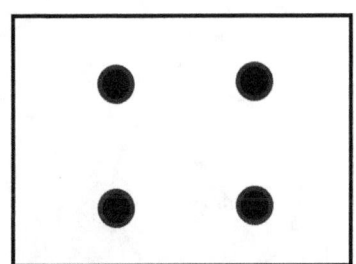

Nombre:_____

# Seis

*Colorea solo el número 6.*

| 6 | 3 | 2 |
| 2 | 6 | 5 |
| 6 | 8 | 5 | 9 | 2 |
| 1 | 3 | 6 | 2 | 6 |
| 6 | 9 | 5 |
| 4 | 6 | 8 |

Nombre: _____

Colorea

Pinta

Busca y colorea

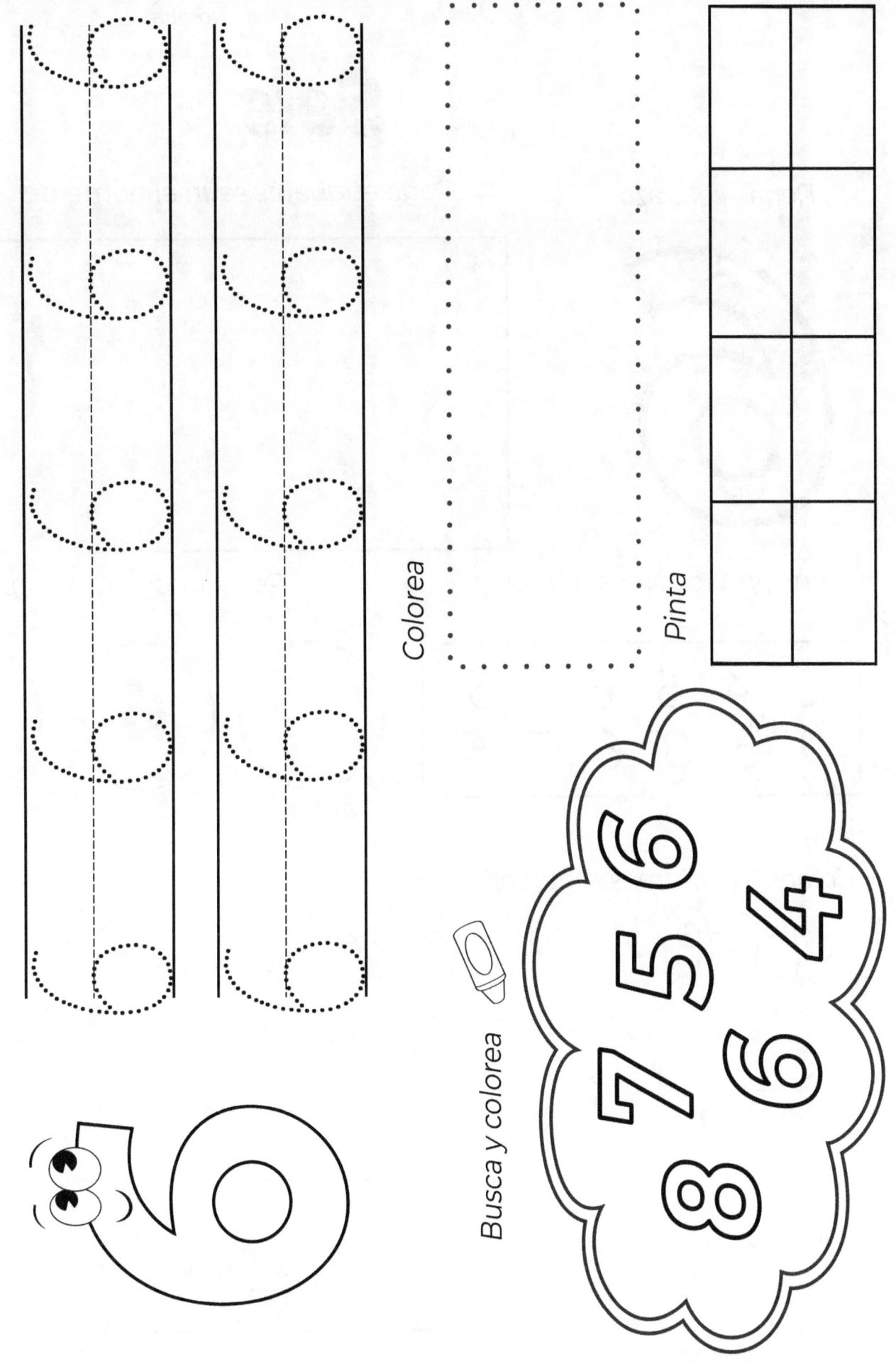

Nombre:_____

# Seis

Repasa el trazo

Pega etiquetas seún el número

Encierra todos los números 6

6 4 5 6 1 3
9 6 8 6 7 5

Resta uno y suma uno

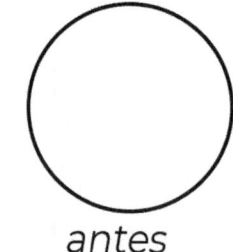  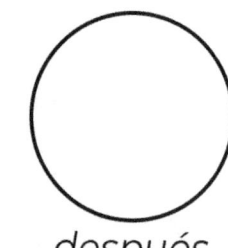

antes           después

Colorea las plumas según el número

Repasa la escritura    Seis

Denver International SchoolHouse      34

Nombre:_____

# Seis

*Traza el número. Traza la palabra numérica.*

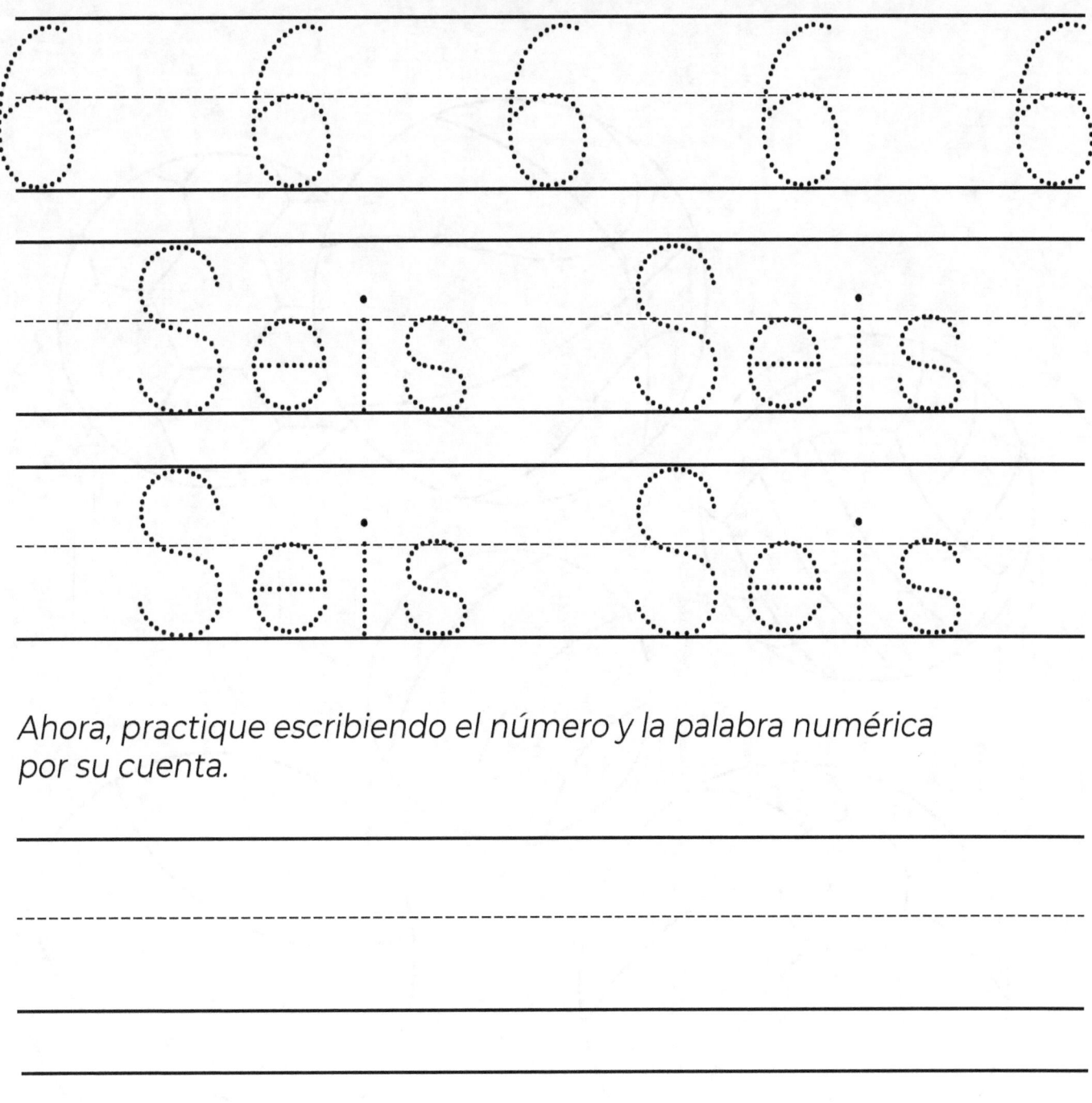

*Ahora, practique escribiendo el número y la palabra numérica por su cuenta.*

Nombre:_____

# Seis

Colorea las 6 pelotas.

Nombre:_____

# Siete

Colorea el número 7. Colorea las 7 pelotas.

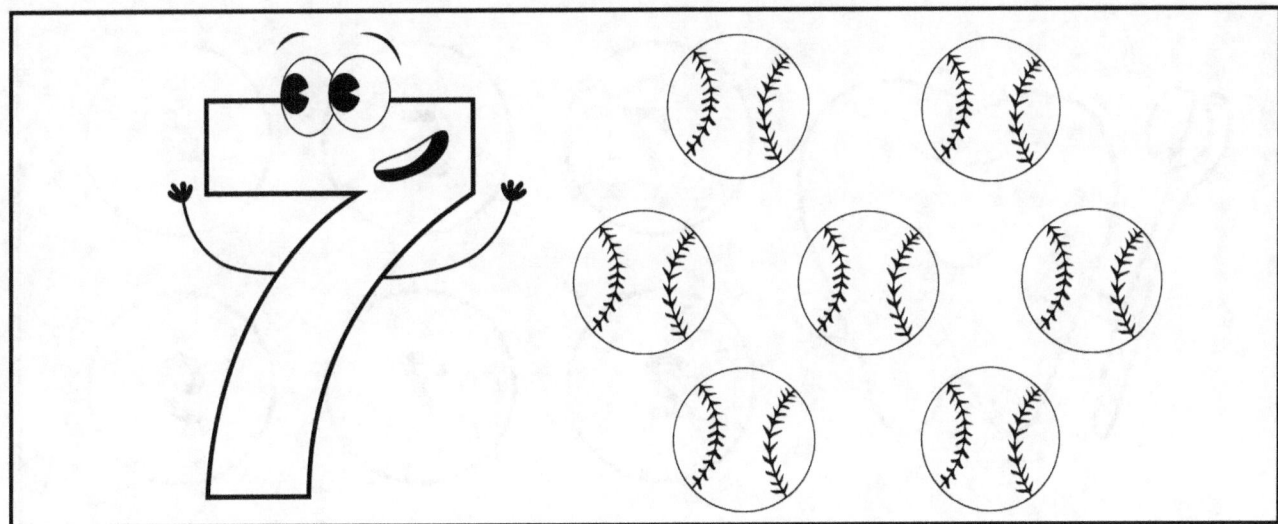

Traza el número 7.

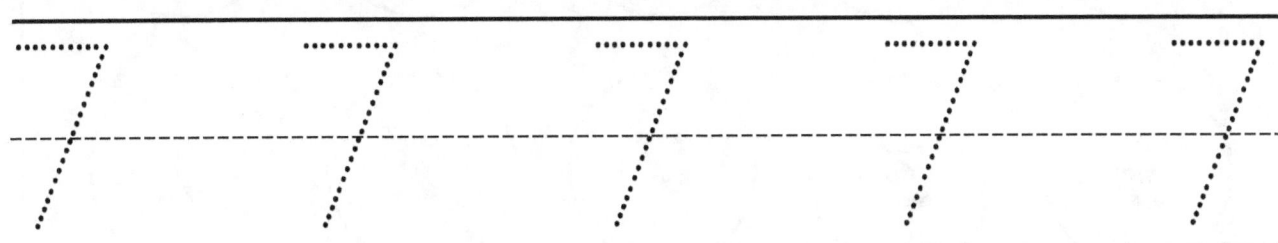

Encierra en un círculo el cuadro que muestra 7.

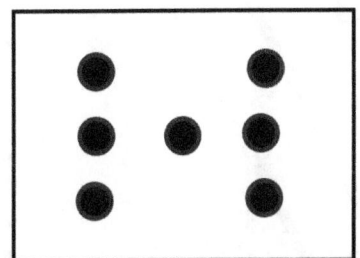 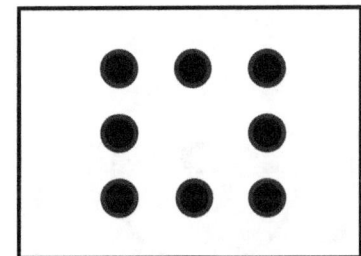 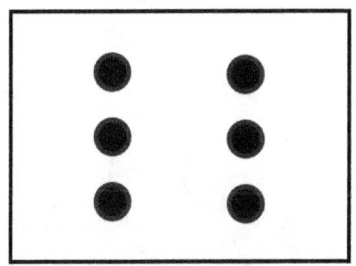

Nombre:_____

# Siete

*Colorea solo el número 7.*

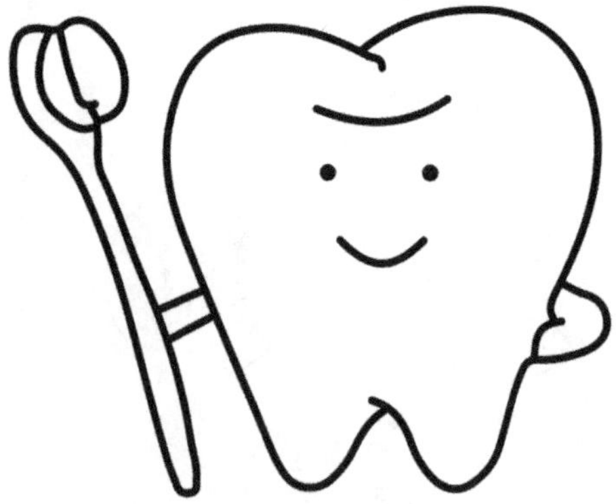

| | | 7 | 5 | 4 |
|---|---|---|---|---|
| | | 2 | 7 | 9 |
| 3 | 7 | 5 | 8 | 1 |
| 9 | 3 | 7 | 2 | 7 |
| 7 | 4 | 5 | | |
| 3 | 7 | 8 | | |

**7**

Denver International SchoolHouse

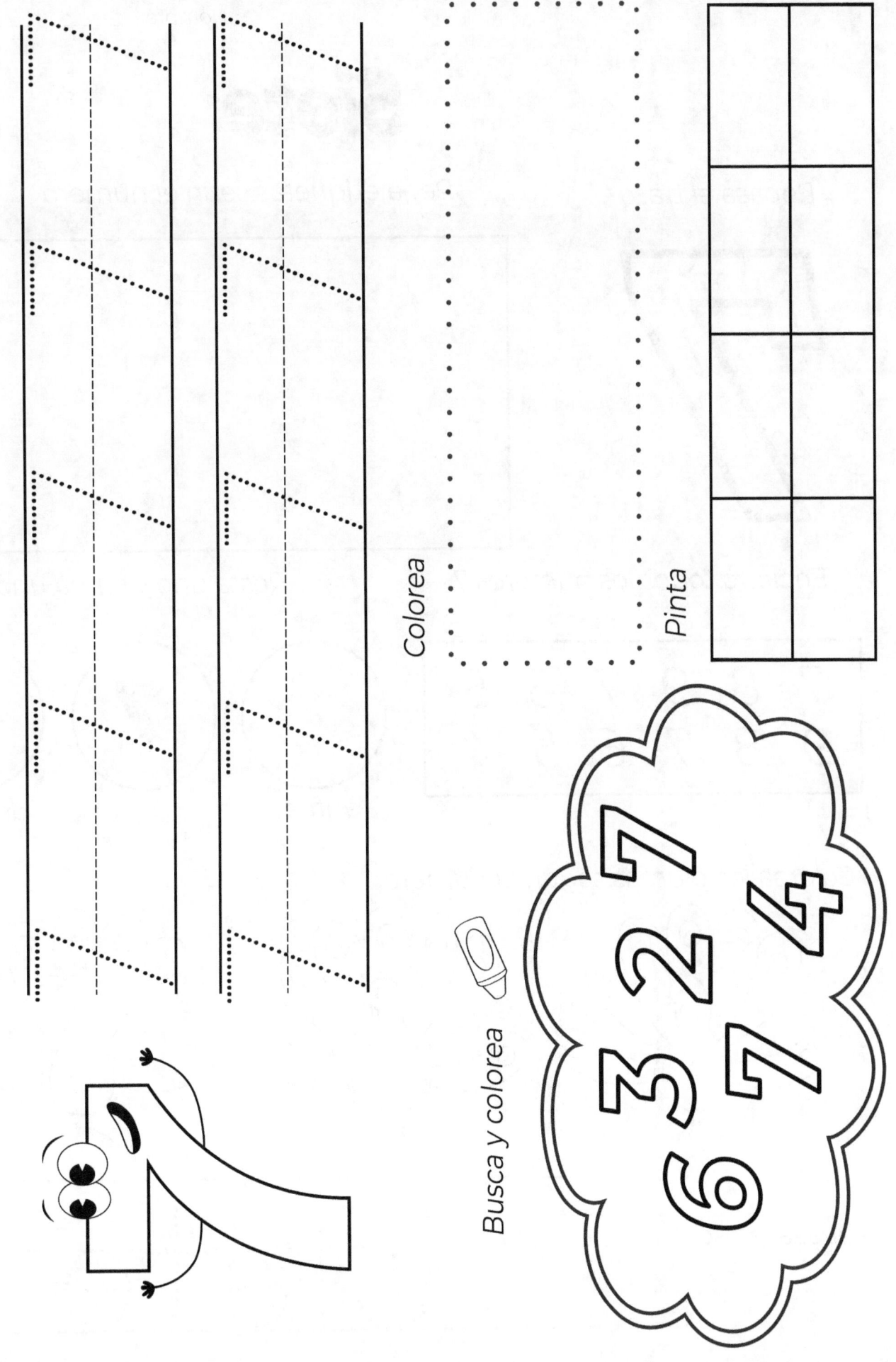

Nombre:_____

# Siete

Repasa el trazo

Pega etiquetas seún el número

Encierra todos los números 7

| 7 | 8 | 9 | 7 | 6 | 5 |
| 9 | 8 | 7 | 6 | 5 | 4 |

Resta uno y suma uno

  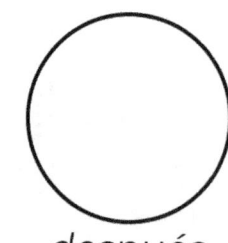

antes        después

Colorea las plumas según el número

Repasa la escritura  ———  Siete

Denver International SchoolHouse    40

Nombre:_____

# Siete

*Traza el número. Traza la palabra numérica.*

7 7 7 7 7

Siete Siete

Siete Siete

*Ahora, practique escribiendo el número y la palabra numérica por su cuenta.*

Nombre:_____

# Siete

Colorea los 7 papalotes.

# Ocho

Nombre:_____

Colorea el número 8. Colorea las 8 pelotas.

Traza el número 8.

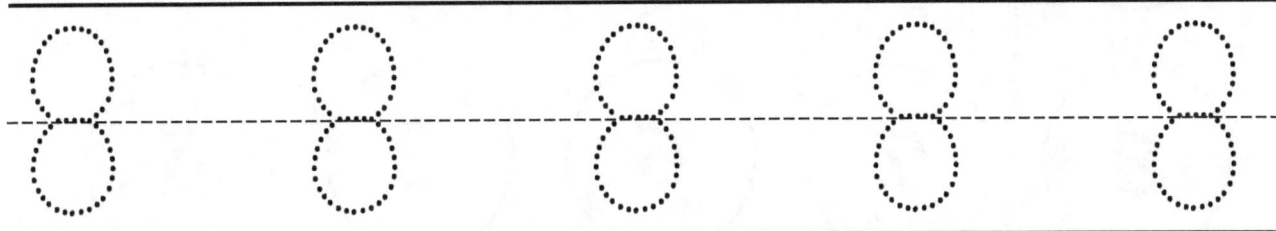

Encierra en un círculo el cuadro que muestra 8.

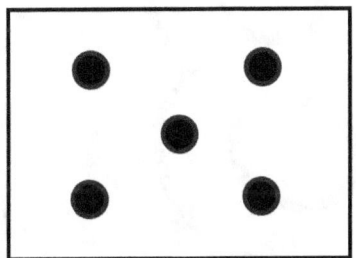 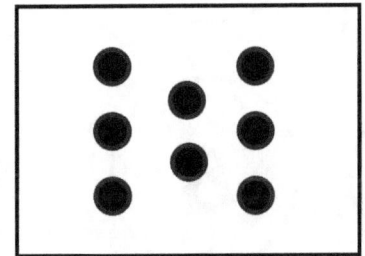 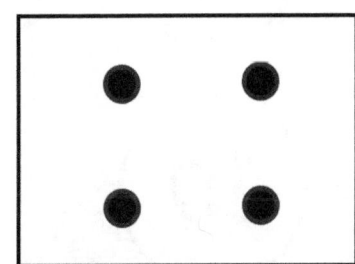

Nombre:_____

# Ocho

*Colorea solo el número 8.*

| 8 | 3 | 9 |
| 2 | 8 | 10 |
| 11 | 8 | 10 | 9 | 2 |
| 8 | 7 | 6 | 8 | 6 |
| 6 | 9 | 8 |
| 10 | 6 | 8 |

**8**

Nombre: _____

Colorea

Pinta

Busca y colorea

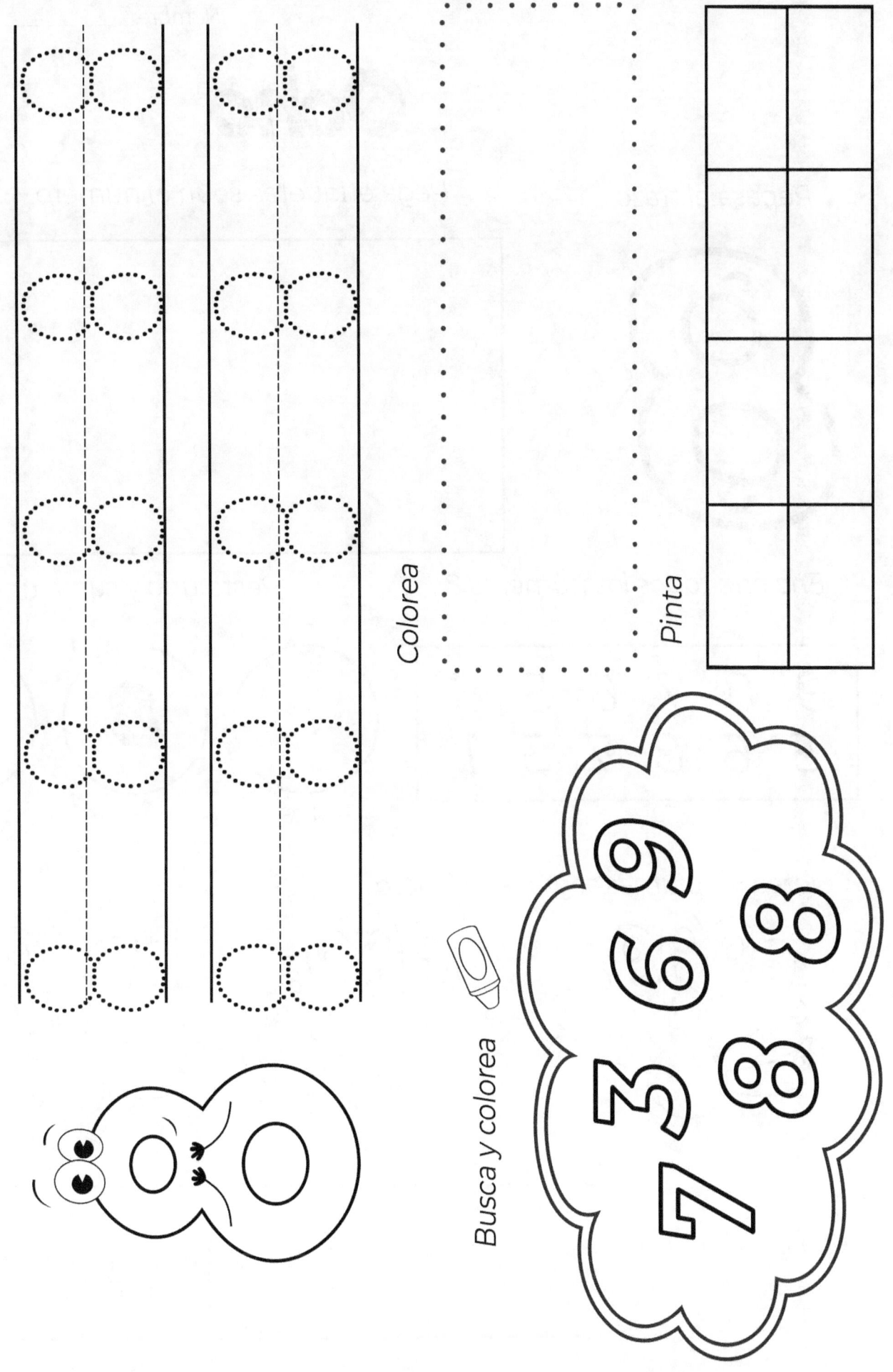

Nombre:_____

# Ocho

Repasa el trazo

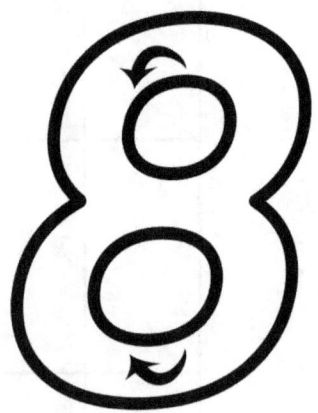

Pega etiquetas seún el número

Encierra todos los números 8

9 8 7 6 5 8
5 6 8 7 3 1

Resta uno y suma uno

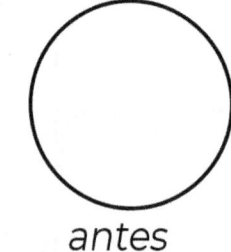  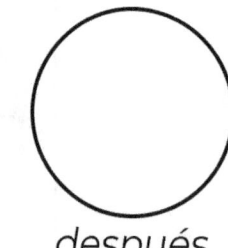

antes          después

Colorea las plumas según el número

Repasa la escritura        Ocho

Nombre:_____

# Ocho

*Traza el número. Traza la palabra numérica.*

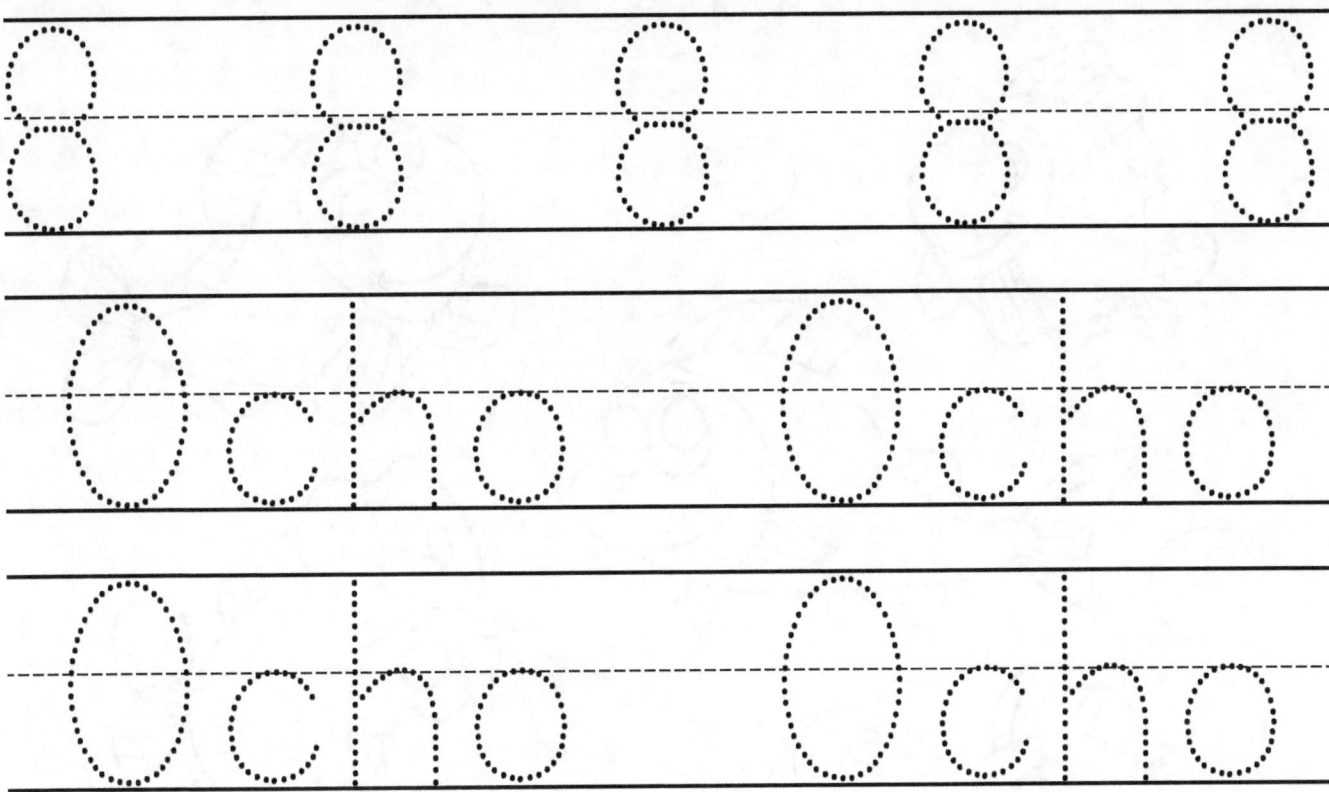

*Ahora, practique escribiendo el número y la palabra numérica por su cuenta.*

Nombre:_____

# Ocho

Colorea los 8 peces.

Nombre:_____

# Nueve

Colorea el número 9. Colorea las 9 manzanas.

Traza el número 9.

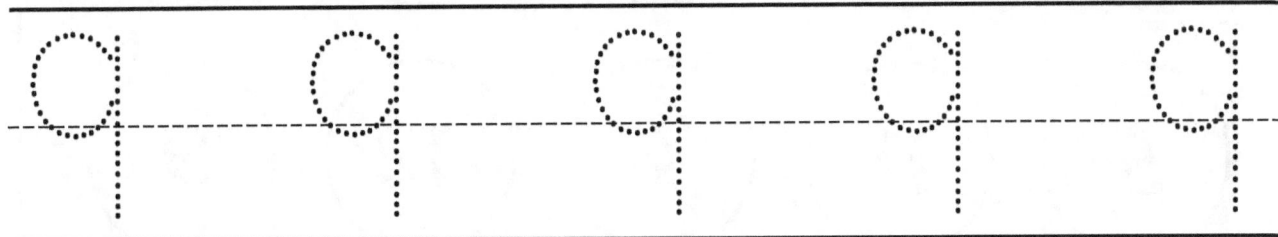

Encierra en un círculo el cuadro que muestra 9.

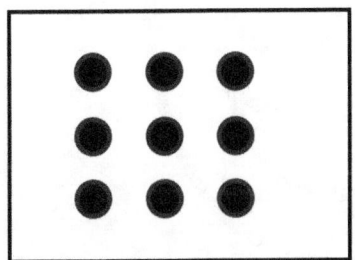 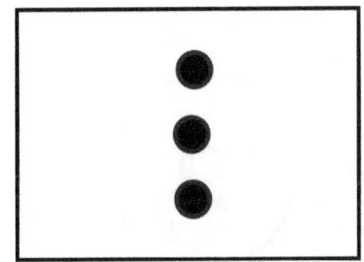 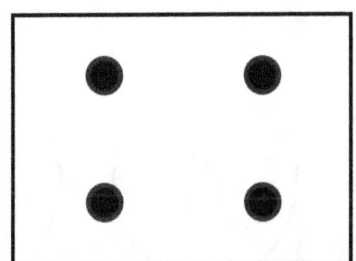

Nombre:_____

# Nueve

*Colorea solo el número 9.*

| 6 | 9 | 11 |
|---|---|----|
| 2 | 10 | 9 |
| 8 | 9 | 5 | 9 | 2 |
| 5 | 11 | 4 | 12 | 9 |
| 7 | 9 | 5 |
| 4 | 5 | 9 |

9

Denver International SchoolHouse

Nombre: _____

*Colorea*

*Pinta*

*Busca y colorea*

51  Denver International SchoolHouse

Nombre:_____

# Nueve

Repasa el trazo

Pega etiquetas seún el número

Encierra todos los números 9

9 8 7 6 5 9
7 9 8 9 6 4

Resta uno y suma uno

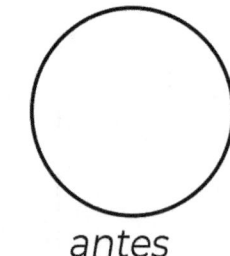  

antes · después

Colorea las plumas según el número

Repasa la escritura  Nueve

Denver International SchoolHouse

Nombre:_____

# Nueve

Traza el número. Traza la palabra numérica.

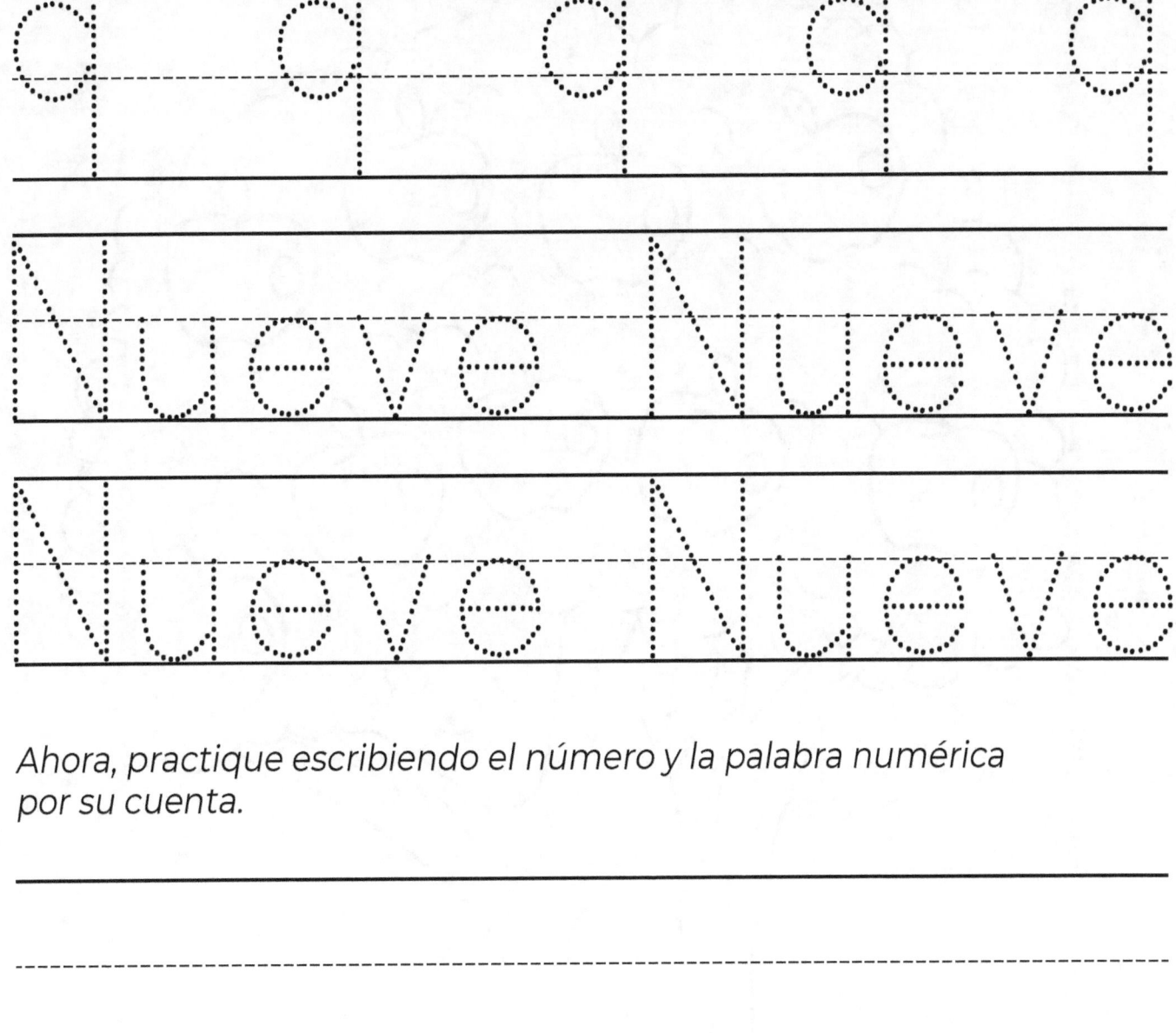

Ahora, practique escribiendo el número y la palabra numérica por su cuenta.

Denver International SchoolHouse

Nombre:_____

# Nueve

Colorea las 9 manzanas.

Nombre:_____

# Diez

Colorea el número 10. Colorea las 10 nueces.

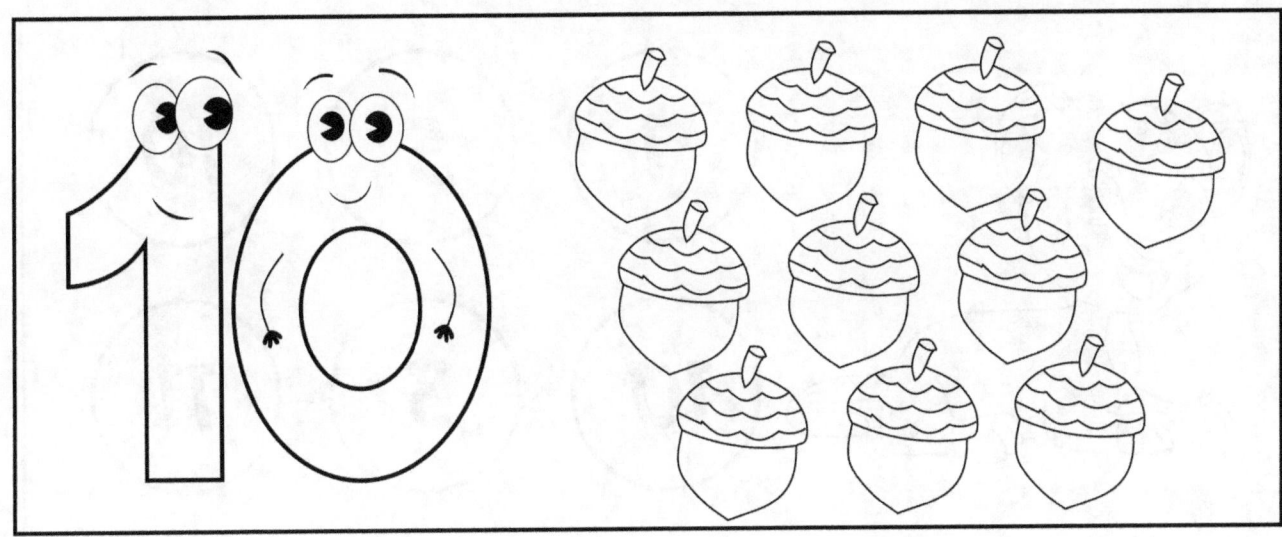

Traza el número 10.

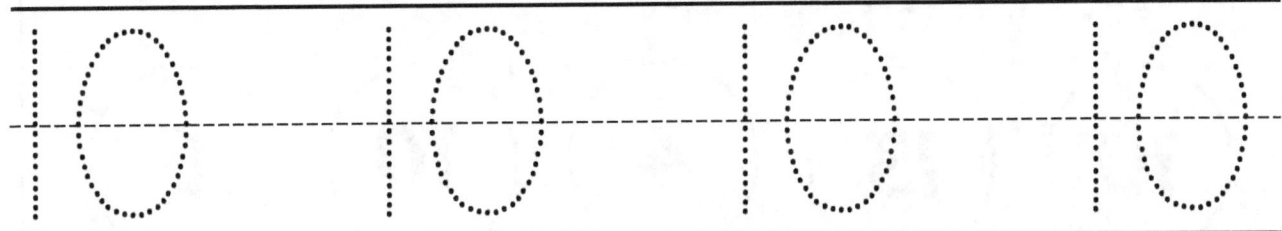

Encierra en un círculo el cuadro que muestra 10.

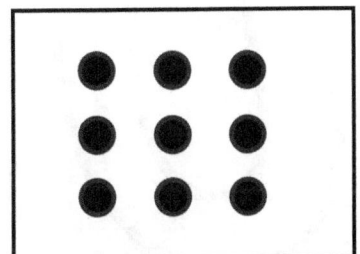 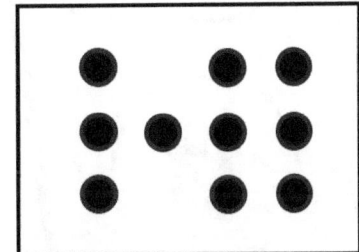 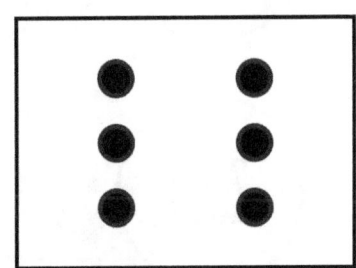

Nombre:_____

# Diez

*Colorea solo el número 10.*

| | 1 | 5 | 10 |
| | 10 | 3 | 11 |
| 6 | 10 | 5 | 9 | 2 |
| 10 | 13 | 4 | 10 | 6 |
| 7 | 10 | 5 | **10** |
| 10 | 5 | 13 | |

Denver International SchoolHouse

Nombre: _____

Colorea

Pinta

Busca y colorea

Nombre:_____

# Diez

Repasa el trazo

Pega etiquetas seún el número

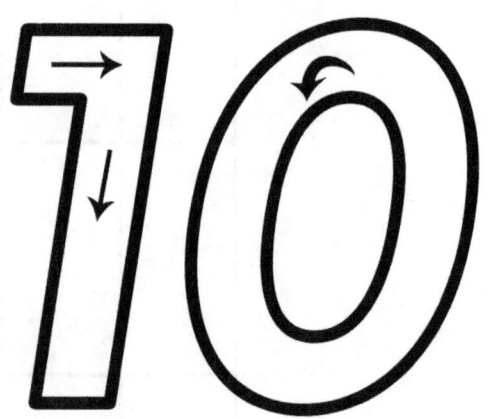

Encierra todos los números 10

| 10 | 9 | 8 | 7 | 6 | 5 |
| 6 | 10 | 7 | 8 | 10 | 9 |

Resta uno y suma uno

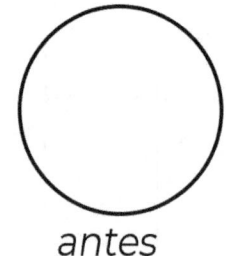  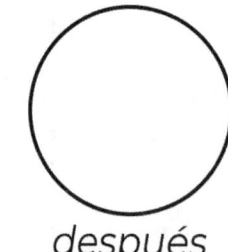

antes            después

Colorea las plumas según el número

Repasa la escritura    Diez

Nombre:_____

# Diez

*Traza el número. Traza la palabra numérica.*

10   10   10   10

Diez   Diez

Diez   Diez

*Ahora, practique escribiendo el número y la palabra numérica por su cuenta.*

Denver International SchoolHouse

Nombre:_____

# Diez

Colorea las 10 abejas.

# Once

Colorea el número 11. Colorea los 11 pingüinos.

Traza el número 11.

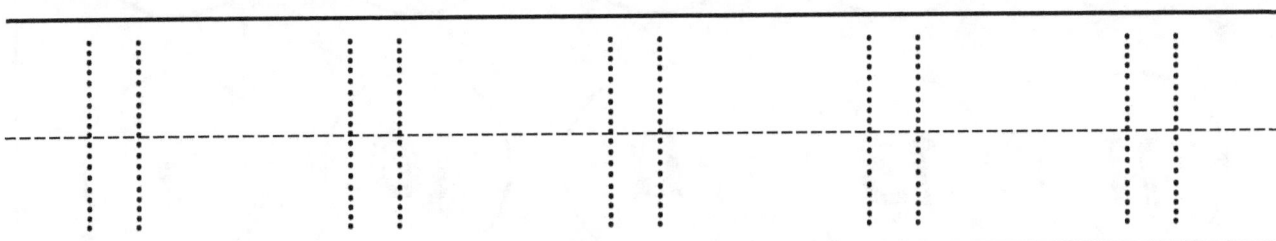

Encierra en un círculo el cuadro que muestra 11.

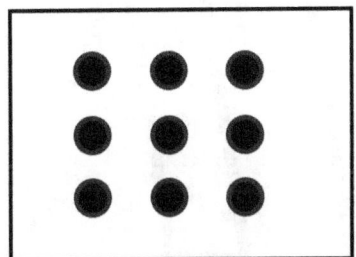 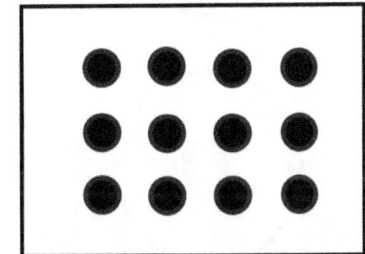 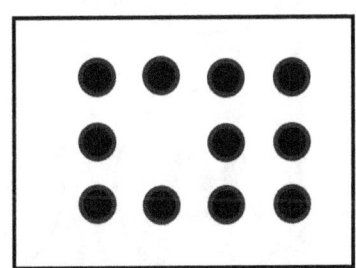

Nombre:_____

# Once

*Colorea solo el número 11*

| 11 | 5 | 10 |
| 10 | 9 | 11 |
| 6 | 10 | 11 | 9 | 8 |
| 11 | 13 | 11 | 10 | 6 |
| 7 | 11 | 5 |
| 10 | 5 | 11 |

**11**

Denver International SchoolHouse

Nombre: _____

Colorea

Pinta

Busca y colorea

Nombre:_____

# Once

Repasa el trazo

Pega etiquetas seún el número

Encierra todos los números 11

Resta uno y suma uno

10 11 12 11 9 8
13 12 11 9 7 11

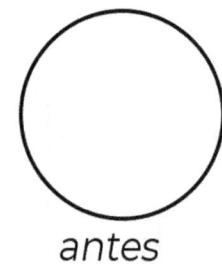

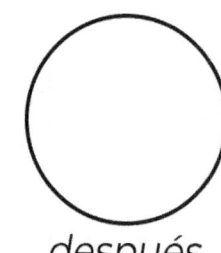

antes　　　　　　　　después

Colorea las plumas según el número

Repasa la escritura　　Once

# Once

Nombre:_____

Traza el número. Traza la palabra numérica.

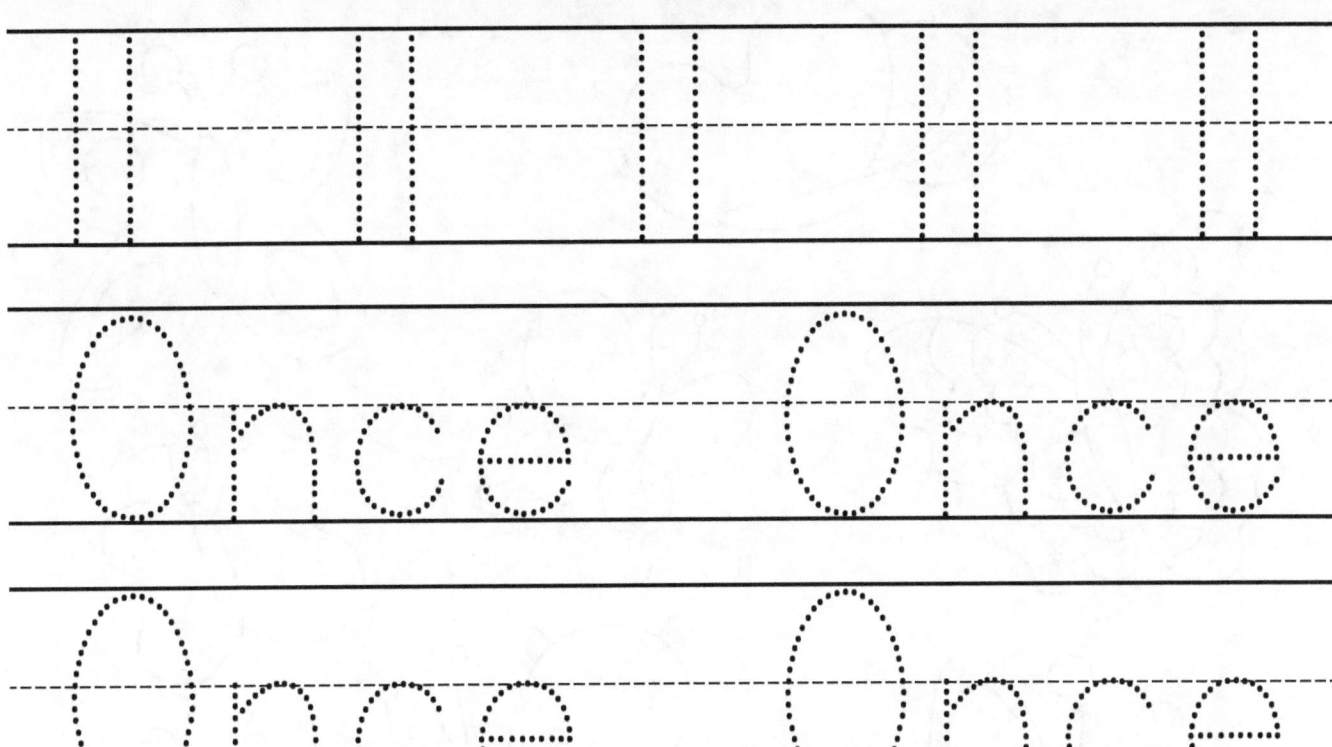

Ahora, practique escribiendo el número y la palabra numérica por su cuenta.

Nombre:_____

# Once

Colorea las 11 mariposas.

Nombre:_____

# Doce

Colorea el número 12. Colorea los 12 peces.

Traza el número 12.

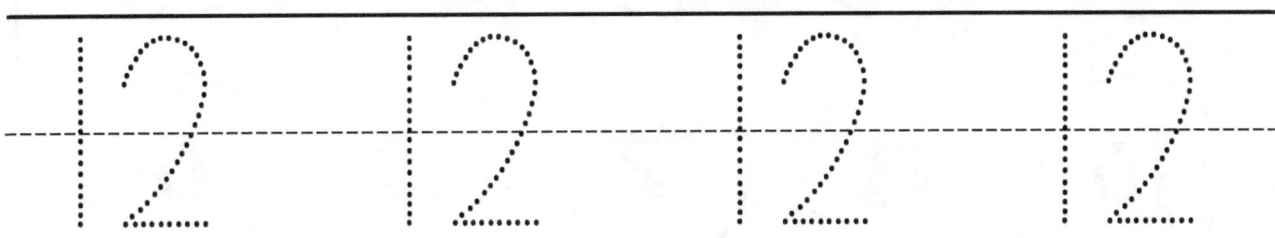

Encierra en un círculo el cuadro que muestra 12.

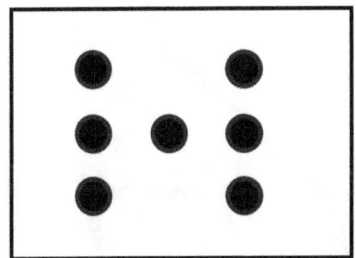 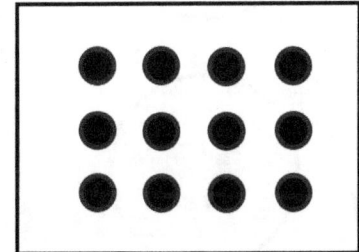 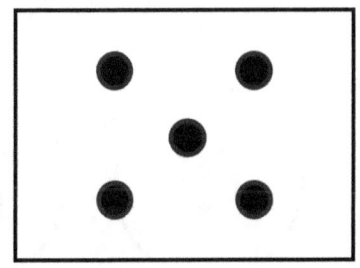

Nombre:_____

# Doce

*Colorea solo el número 12.*

| 12 | 11 | 10 |
| 10 | 12 | 11 |
| 6 | 10 | 5 | 9 | 12 |
| 10 | 13 | 12 | 10 | 6 |
| 12 | 10 | 5 |
| 10 | 12 | 13 |

**12**

Nombre: _____

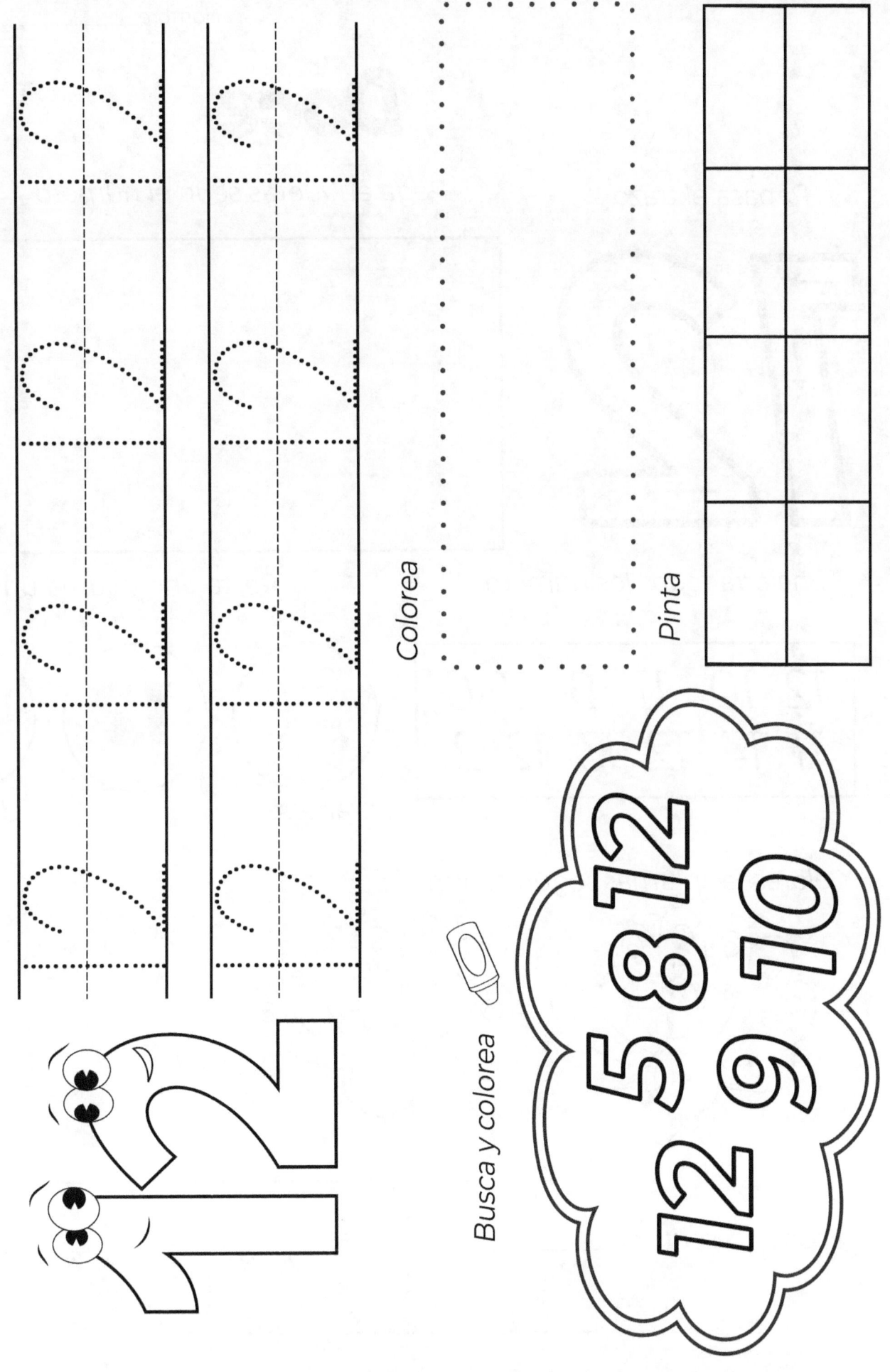

Colorea

Pinta

Busca y colorea

Nombre:_____

# Doce

Repasa el trazo

Pega etiquetas seún el número

Encierra todos los números 12

Resta uno y suma uno

12 10 11 9 7 6
11 14 12 13 12 2

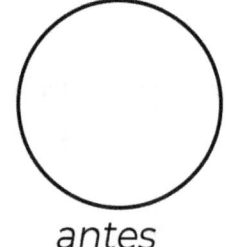  

antes           después

Colorea las plumas según el número

Repasa la escritura    Doce

Nombre:_____

# Doce

Traza el número. Traza la palabra numérica.

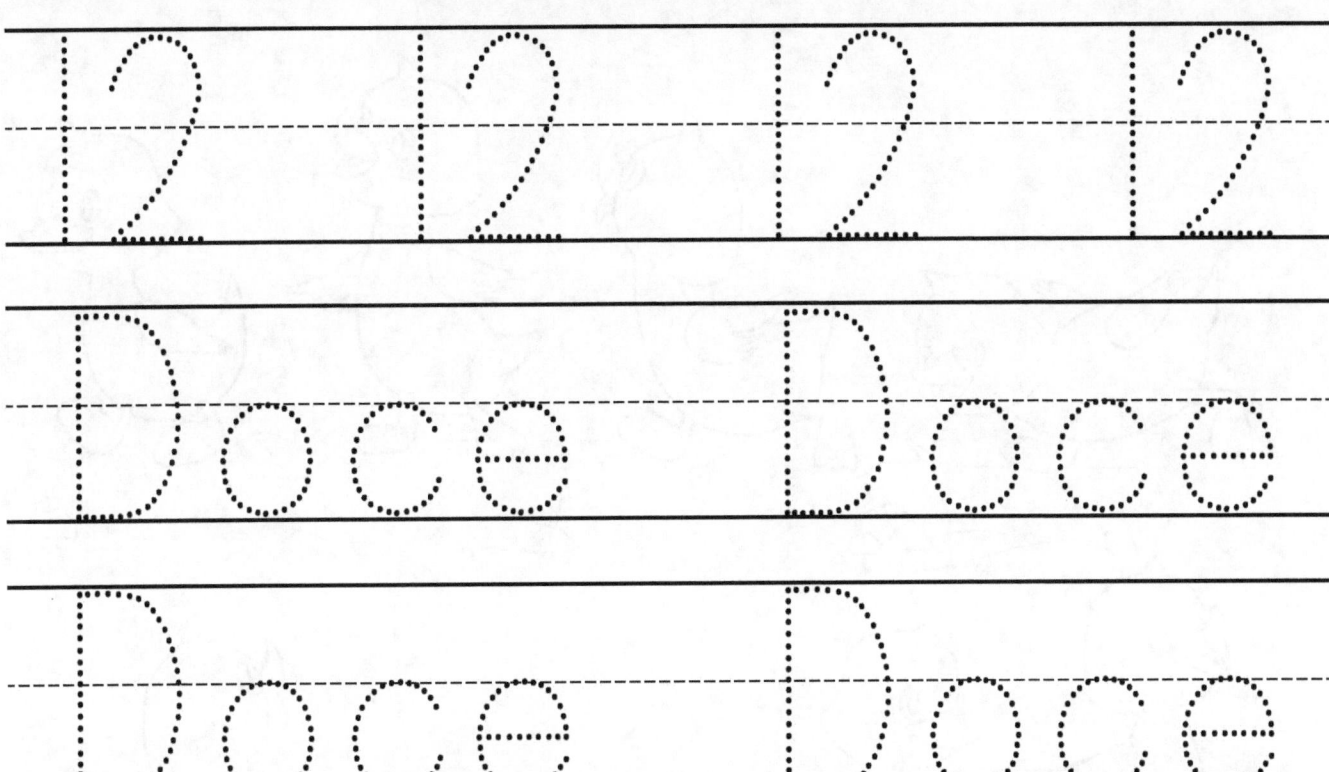

Ahora, practique escribiendo el número y la palabra numérica por su cuenta.

# Doce

Colorea elos 12 patos.

Nombre:_____

# Trece

*Colorea el número 13. Colorea las 13 calabazas.*

*Traza el número 13.*

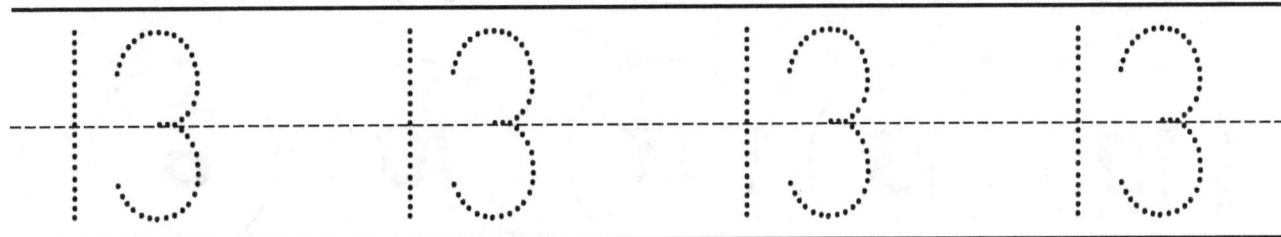

*Encierra en un círculo el cuadro que muestra 13.*

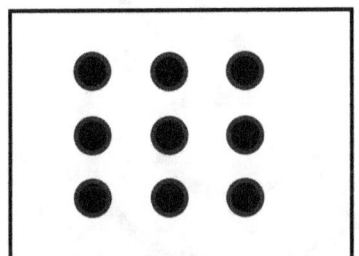
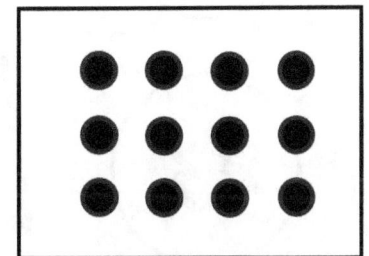
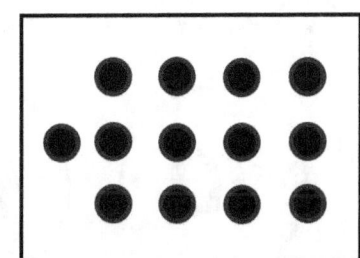

Nombre:_____

# Trece

*Colorea solo el número 13.*

| 12 | 13 | 10 |
|---|---|---|
| 10 | 13 | 11 |

| 13 | 10 | 5 | 9 | 12 |
|---|---|---|---|---|
| 10 | 13 | 13 | 10 | 6 |
| 12 | 13 | 5 | | |
| 10 | 12 | 13 | | |

**13**

Denver International SchoolHouse

Nombre: _____

Colorea

Pinta

Busca y colorea

Nombre:_____

# Trece

Repasa el trazo

Pega etiquetas seún el número

Encierra todos los números 13

12  13  11  10  13  6
10  14  11  13  12  2

Resta uno y suma uno

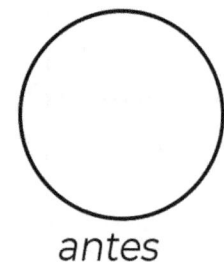  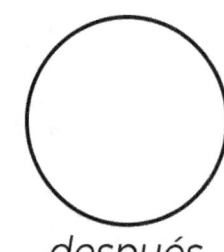

antes                              después

Colorea las plumas según el número

Repasa la escritura    Trece

Nombre:_____

# **Trece**

*Traza el número. Traza la palabra numérica.*

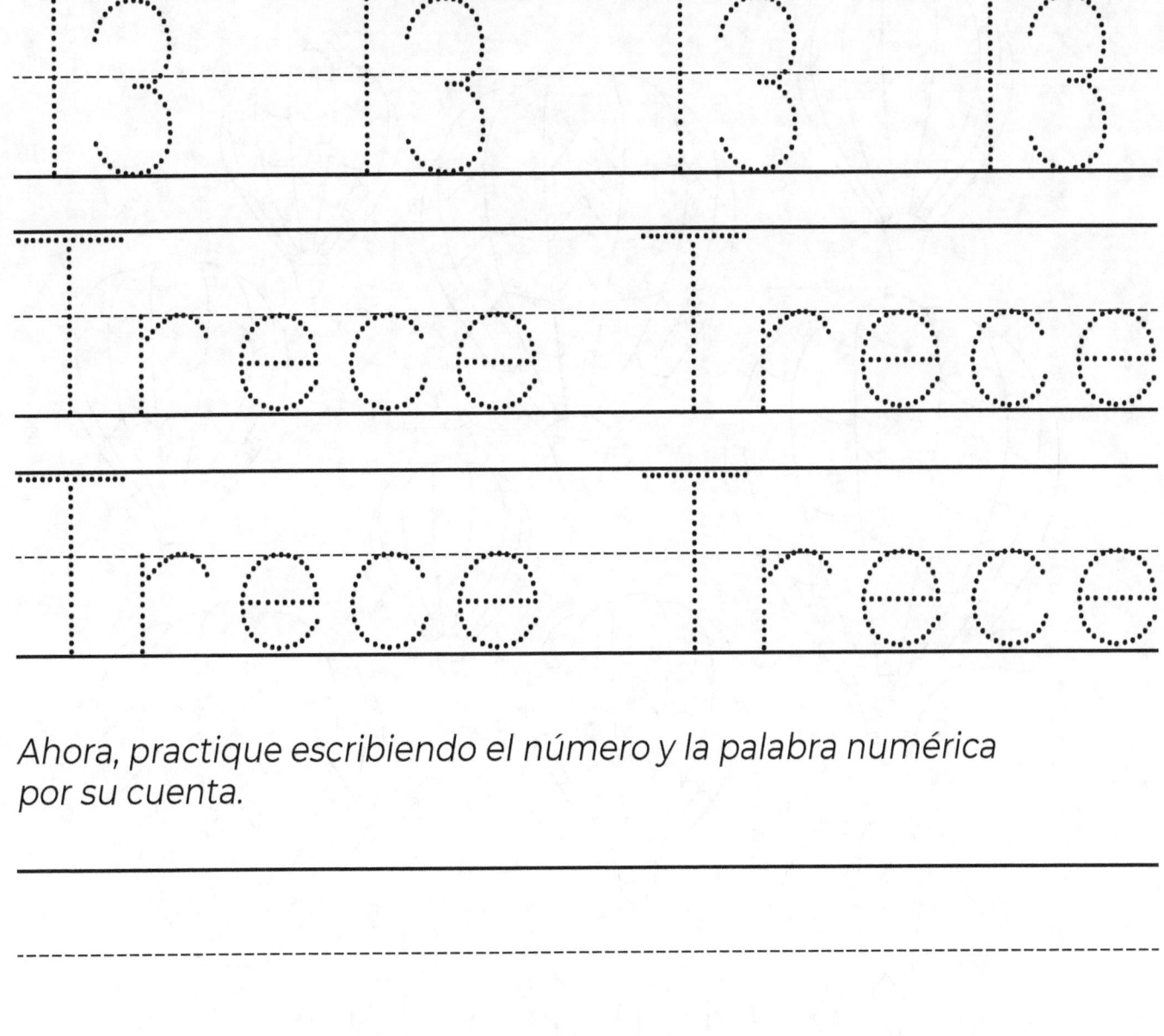

*Ahora, practique escribiendo el número y la palabra numérica por su cuenta.*

Nombre:_____

# Trece

Colorea los 13 globos.

Nombre:_____

# Catorce

Colorea el número 14. Colorea las 14 gotas.

Traza el número 14.

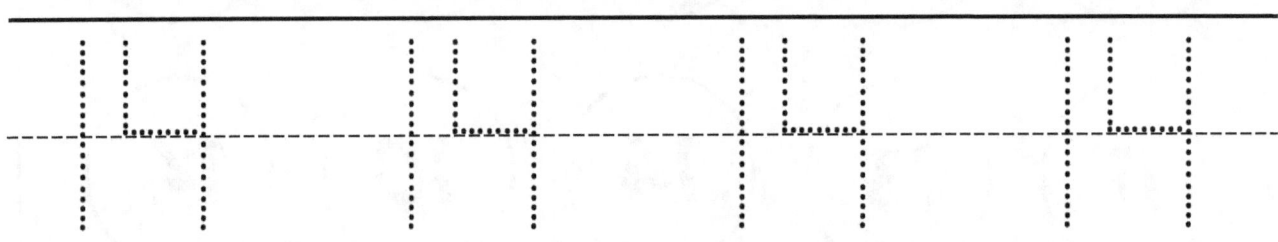

Encierra en un círculo el cuadro que muestra 14.

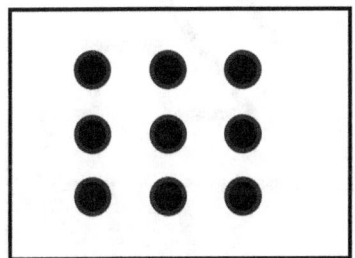 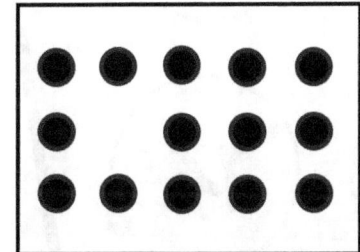 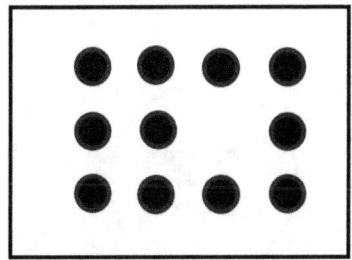

Nombre:_____

# Catorce

*Colorea solo el número 14*

| 14 | 13 | 10 |
| 10 | 14 | 11 |

| 15 | 14 | 11 | 9 | 16 |
| 11 | 13 | 14 | 10 | 14 |
| 14 | 13 | 5 |
| 13 | 5 | 14 |

**14**

Nombre: _____

Colorea

Pinta

Busca y colorea

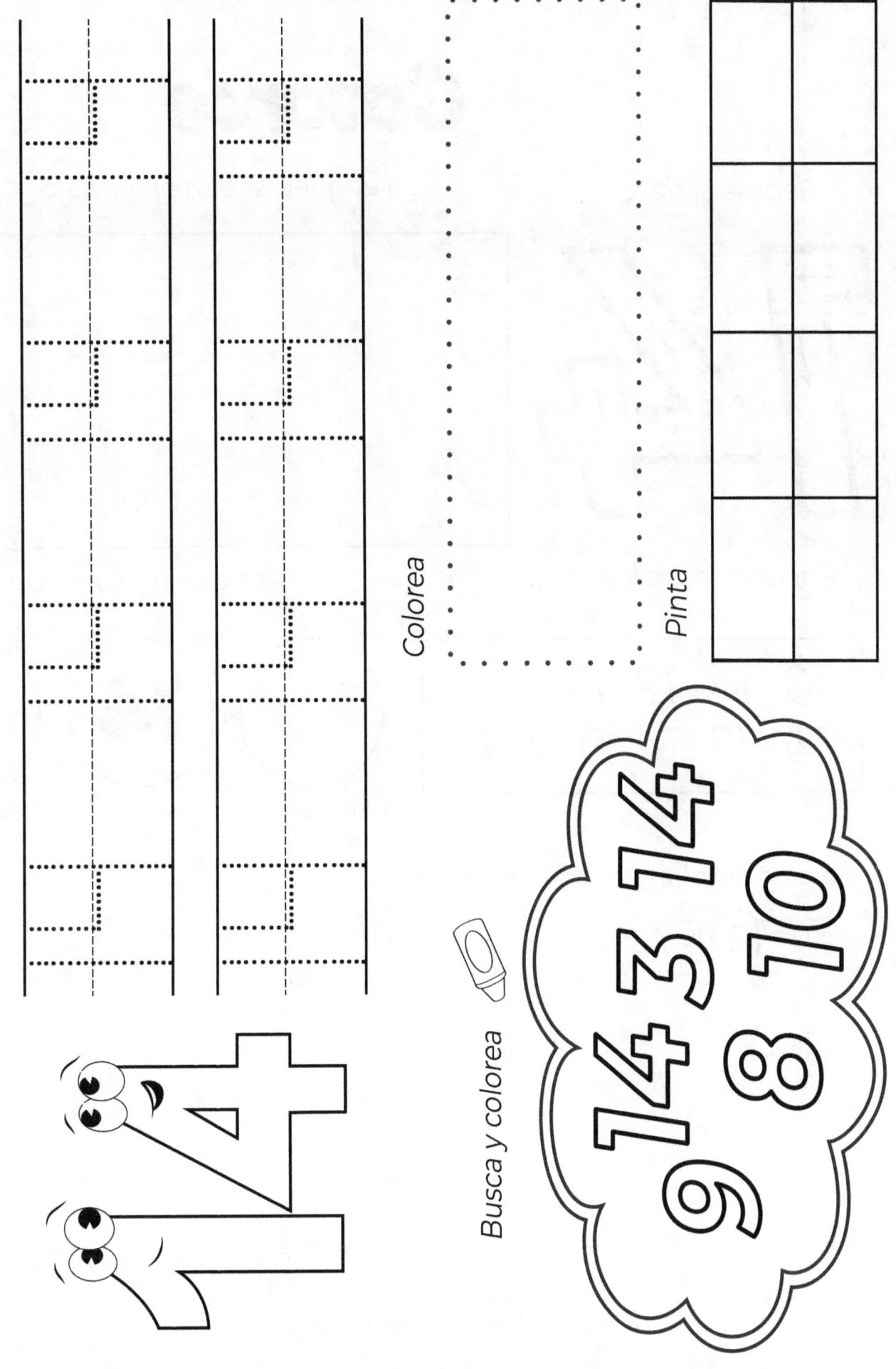

Nombre:_____

# Catorce

Repasa el trazo

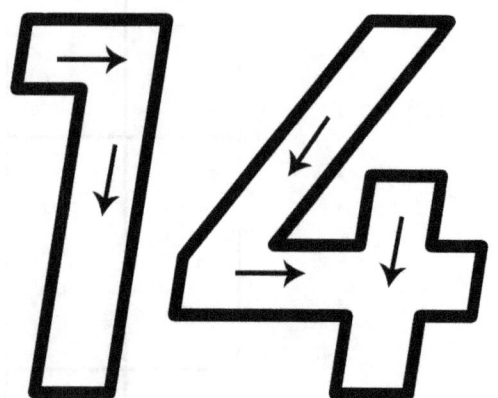

Pega etiquetas seún el número

Encierra todos los números 14

10  14  12  13  9  7
14  12  14  9  7  11

Resta uno y suma uno

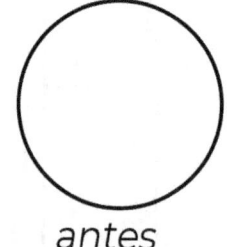  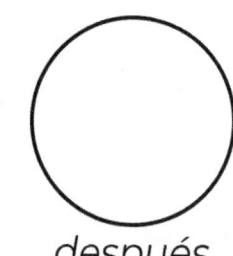

antes            después

Colorea las plumas según el número

Repasa la escritura    Catorce

*Nombre:*_____

# Catorce

*Traza el número. Traza la palabra numérica.*

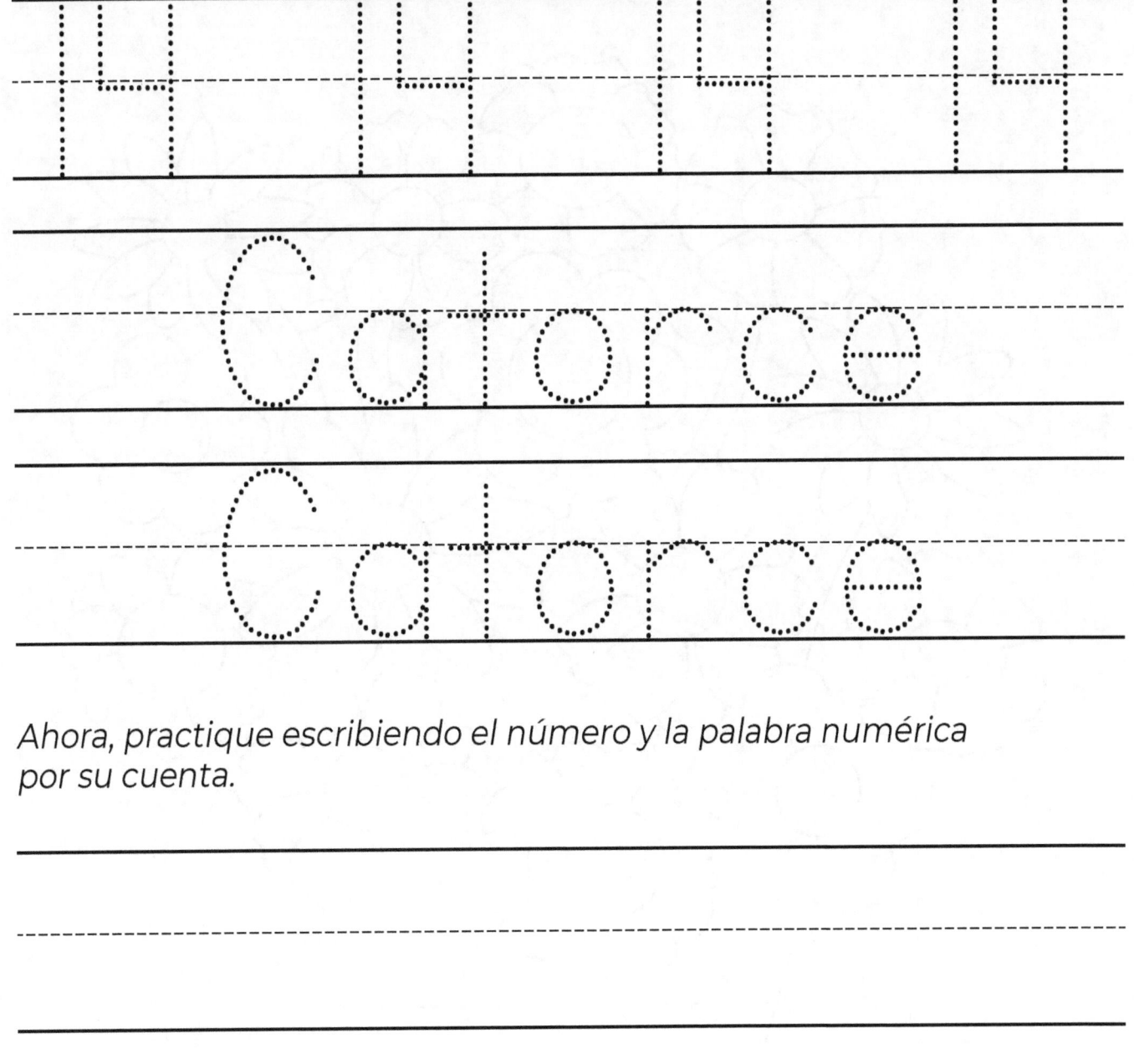

*Ahora, practique escribiendo el número y la palabra numérica por su cuenta.*

Nombre:_____

# Catorce

*Colorea las 14 flores.*

Nombre:_____

# Quince

Colorea el número 15. Colorea los 15 globos.

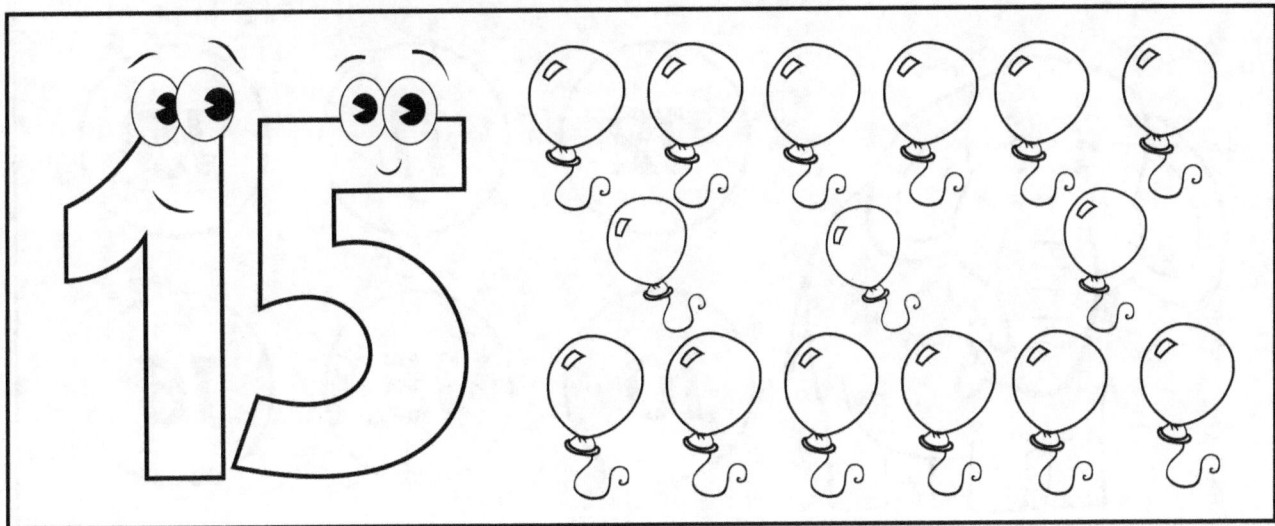

Traza el número 15.

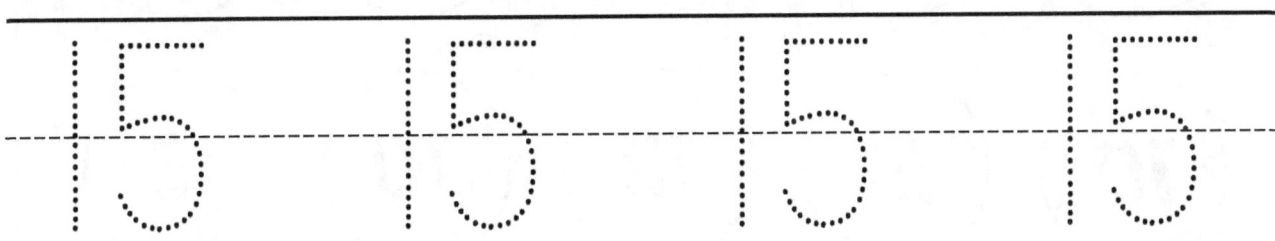

Encierra en un círculo el cuadro que muestra 15.

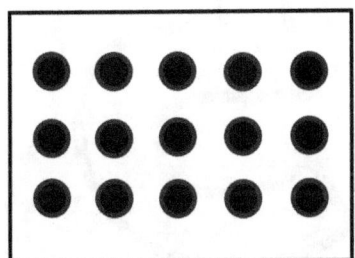 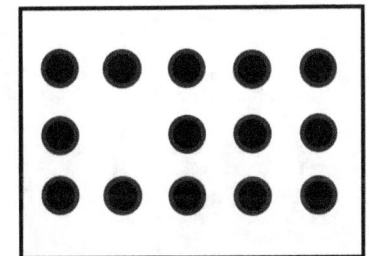 

Nombre:_____

# Quince

Colorea solo el número 15.

| 12 | 11 | 15 |
| 10 | 15 | 16 |
| 6 | 10 | 15 | 9 | 12 |
| 10 | 15 | 12 | 10 | 15 |
| 16 | 10 | 15 | **15** |
| 15 | 12 | 13 |

Denver International SchoolHouse

Nombre: _____

Colorea

Pinta

Busca y colorea

Nombre:_____

# Quince

Repasa el trazo

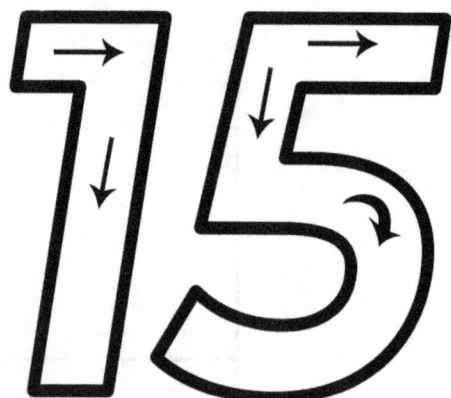

Pega etiquetas seún el número

Encierra todos los números 15

15 16 14 10 12
13 15 14 15 16

Resta uno y suma uno

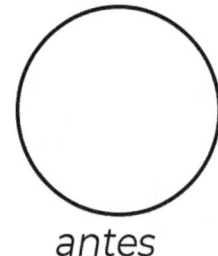  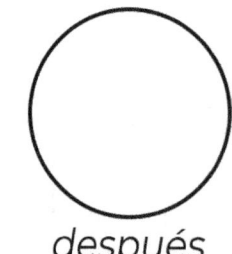

antes            después

Colorea las plumas según el número

Repasa la escritura _____ Quince

# Quince

Nombre:_____

*Traza el número. Traza la palabra numérica.*

15   15   15   15

Quince

Quince

*Ahora, practique escribiendo el número y la palabra numérica por su cuenta.*

89     Denver International SchoolHouse

Nombre:_____

# Quince

*Colorea los 15 caramelos.*

Nombre:_____

# Dieciséis

Colorea el número 16. Colorea los 16 lazos.

Traza el número 16.

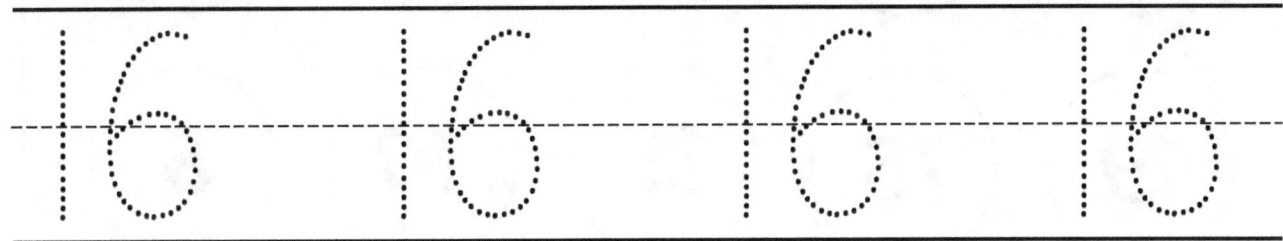

Encierra en un círculo el cuadro que muestra 16.

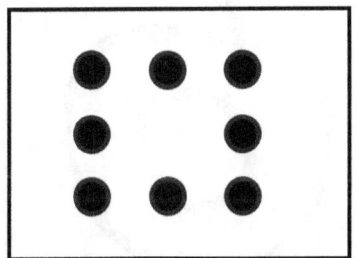 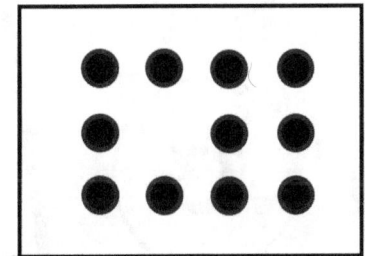 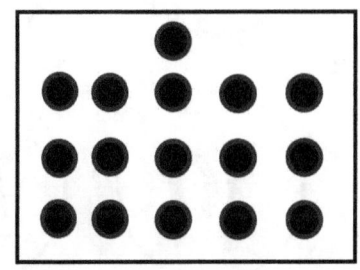

Nombre:_____

# Dieciséis

*Colorea solo el número 16.*

| 16 | 13 | 15 |
|----|----|----|
| 17 | 13 | 16 |

| 16 | 10 | 16 | 9 | 12 |
|----|----|----|---|----|
| 19 | 16 | 13 | 10 | 6 |

| 12 | 13 | 16 |
|----|----|----|
| 10 | 16 | 13 |

**16**

Denver International SchoolHouse

Nombre: _____

Colorea

Pinta

Busca y colorea

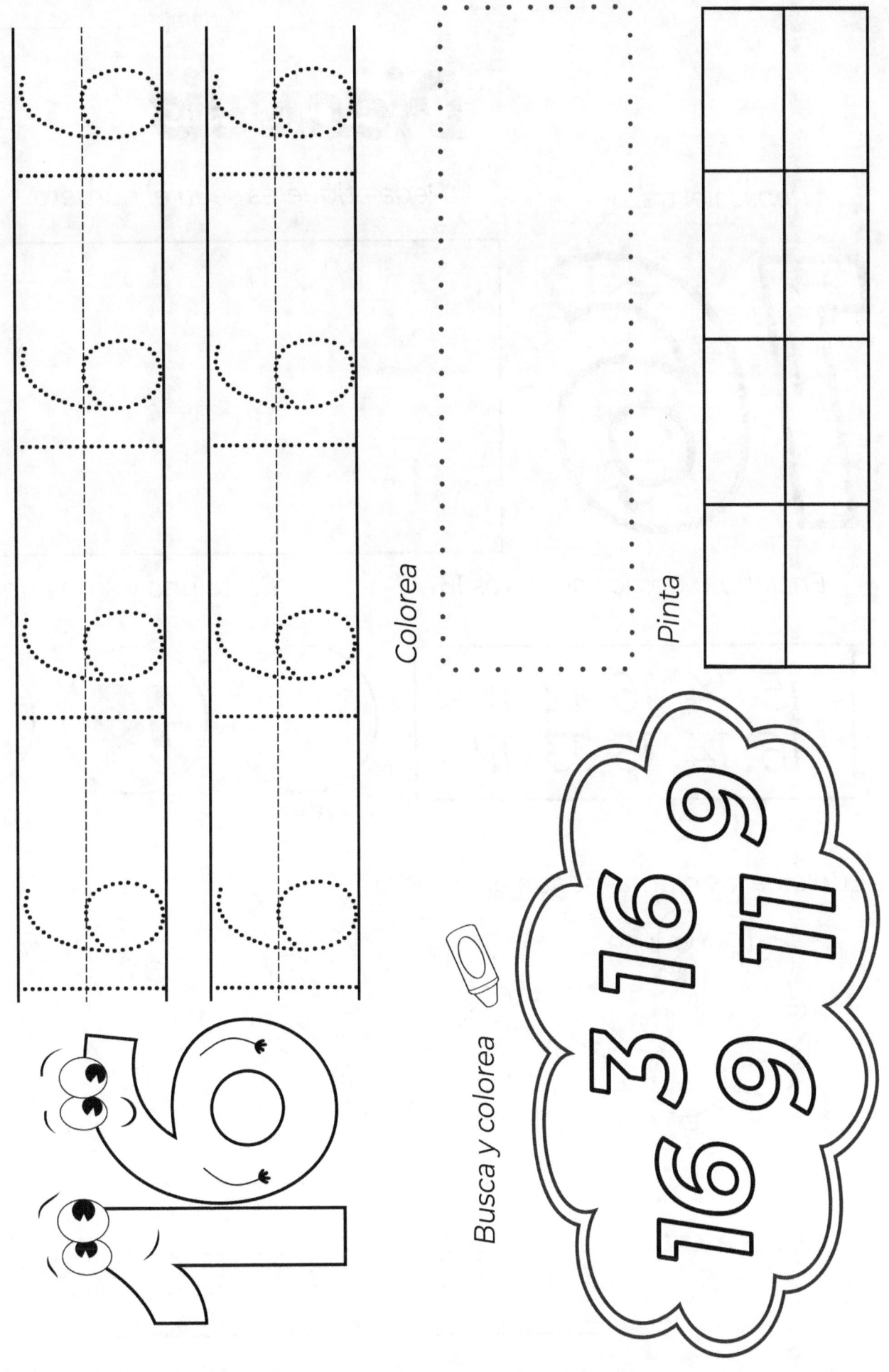

Nombre:_____

# Dieciséis

Repasa el trazo

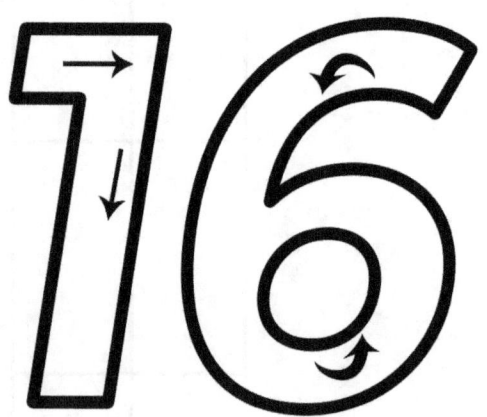

Pega etiquetas seún el número

Encierra todos los números 16

15 14 16 12 16
16 14 15 13 12

Resta uno y suma uno

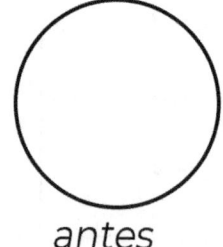  

antes            después

Colorea las plumas según el número

Repasa la escritura    Dieciséis

Nombre:_____

# Dieciséis

*Traza el número. Traza la palabra numérica.*

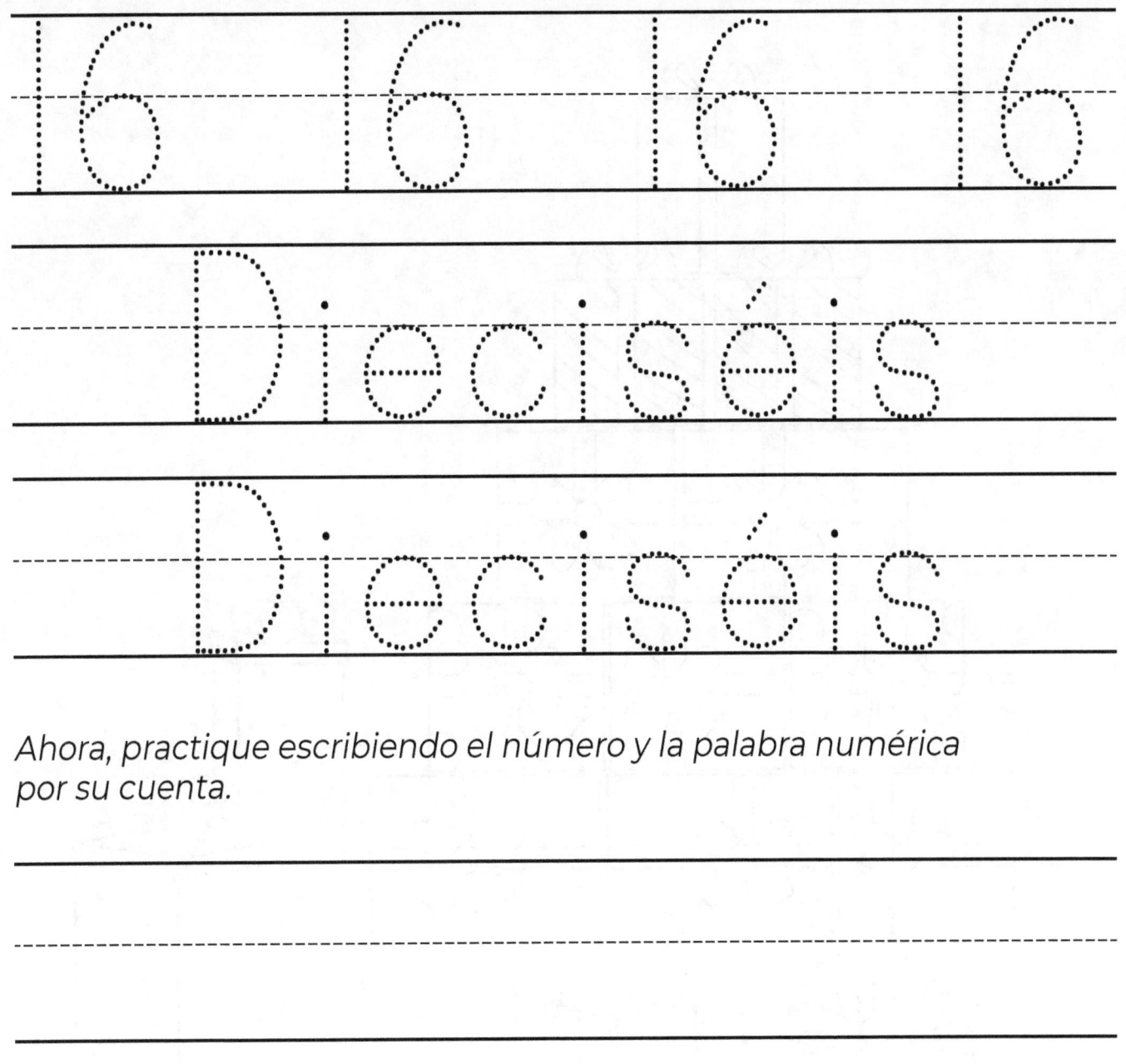

*Ahora, practique escribiendo el número y la palabra numérica por su cuenta.*

Nombre:_____

# Dieciséis

Colorea los 16 regalos.

Nombre:_____

# Diecisiete

Colorea el número 17. Colorea las 17 paletas.

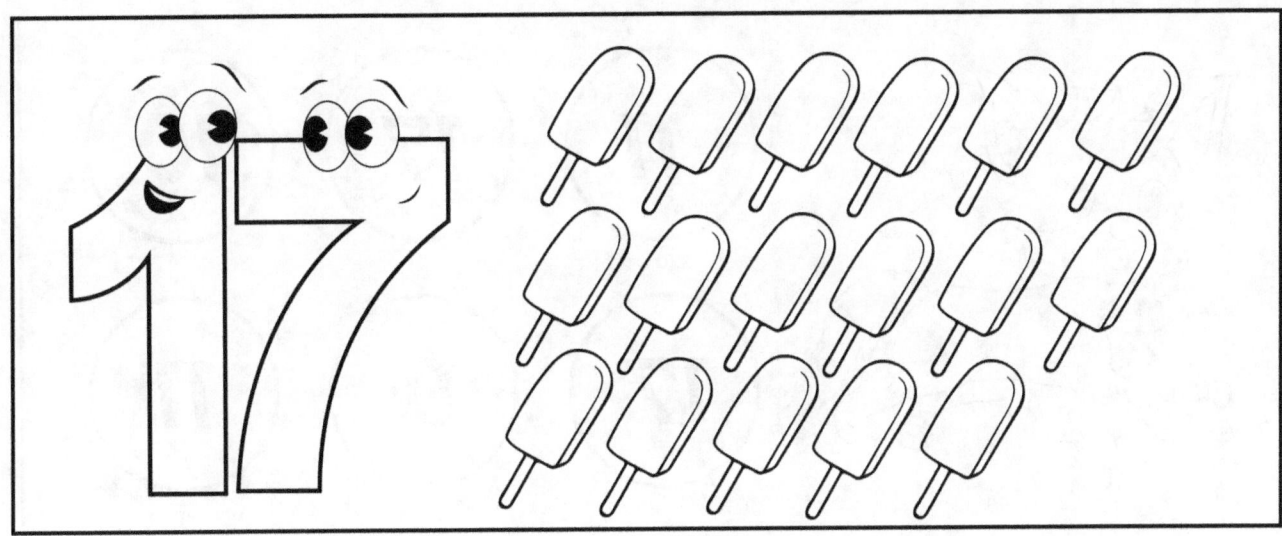

Traza el número 17.

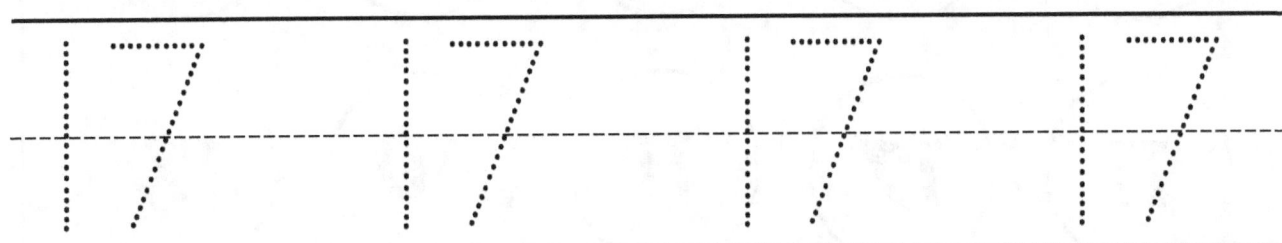

Encierra en un círculo el cuadro que muestra 17.

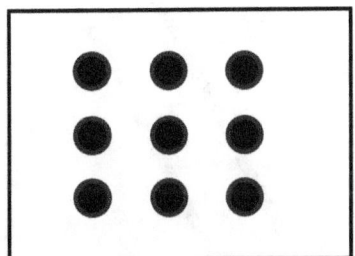 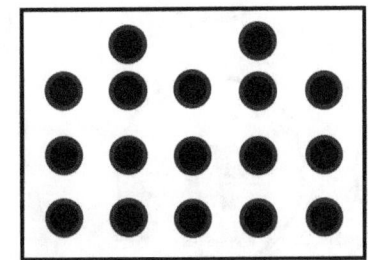 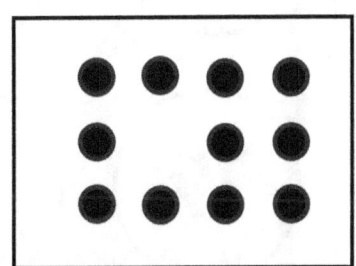

Nombre:_____

# Diecisiete

*Colorea solo el número 17*

| 11 | 17 | 10 |
| 17 | 9 | 11 |

| 6 | 10 | 11 | 17 | 8 |
| 11 | 17 | 11 | 10 | 17 |
| 7 | 11 | 17 | |
| 17 | 5 | 11 | |

**17**

Denver International SchoolHouse     98

Nombre:_____

# Diecisiete

Repasa el trazo

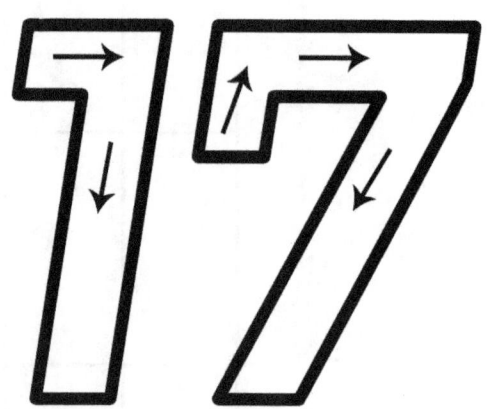

Pega etiquetas seún el número

Encierra todos los números 17

17 16 15 14 13
14 17 15 17 16

Resta uno y suma uno

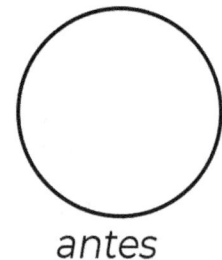  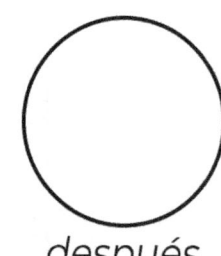

antes                después

Colorea las plumas según el número

Repasa la escritura    Diecisiete

Nombre:_____

# Diecisiete

*Traza el número. Traza la palabra numérica.*

17 17 17 17

Diecisiete

Diecisiete

*Ahora, practique escribiendo el número y la palabra numérica por su cuenta.*

Nombre:_____

# Diecisiete

Colorea las 17 estrellas.

# Dieciocho

Nombre:_____

Colorea el número 18. Colorea los 18 helados.

Traza el número 18.

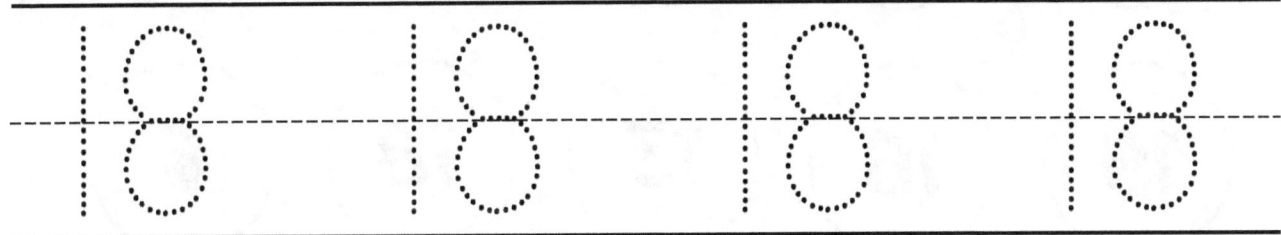

Encierra en un círculo el cuadro que muestra 18.

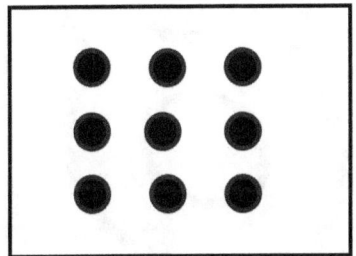 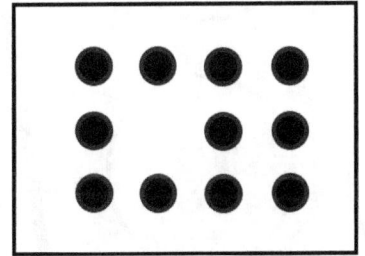 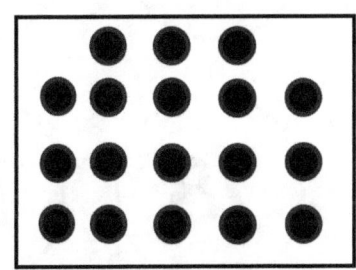

Nombre:_____

# Dieciocho

*Colorea solo el número 18.*

| | | |
|---|---|---|
| 18 | 13 | 15 |
| 17 | 18 | 16 |

| | | | | |
|---|---|---|---|---|
| 16 | 18 | 16 | 9 | 18 |
| 19 | 16 | 13 | 18 | 6 |
| 12 | 18 | 16 | | |
| 18 | 16 | 13 | | |

**18**

Nombre: _____

*Colorea*

*Pinta*

*Busca y colorea*

Nombre:_____

# Dieciocho

Repasa el trazo

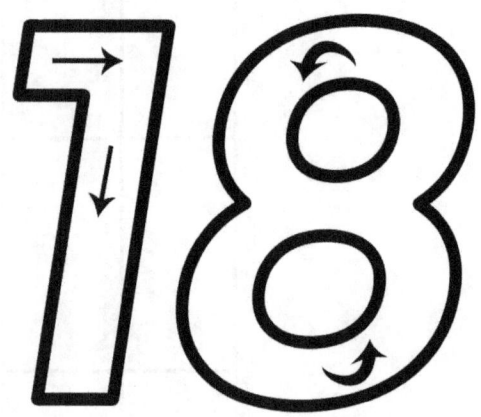

Pega etiquetas seún el número

Encierra todos los números 18

18  15  14  13  12
16  18  15  18  12

Resta uno y suma uno

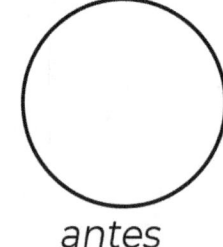  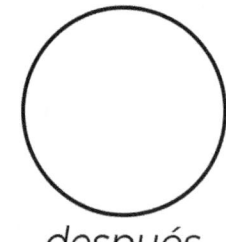

antes　　　　　　　después

Colorea las plumas según el número

Repasa la escritura　Dieciocho

Nombre:_____

# Dieciocho

Traza el número. Traza la palabra numérica.

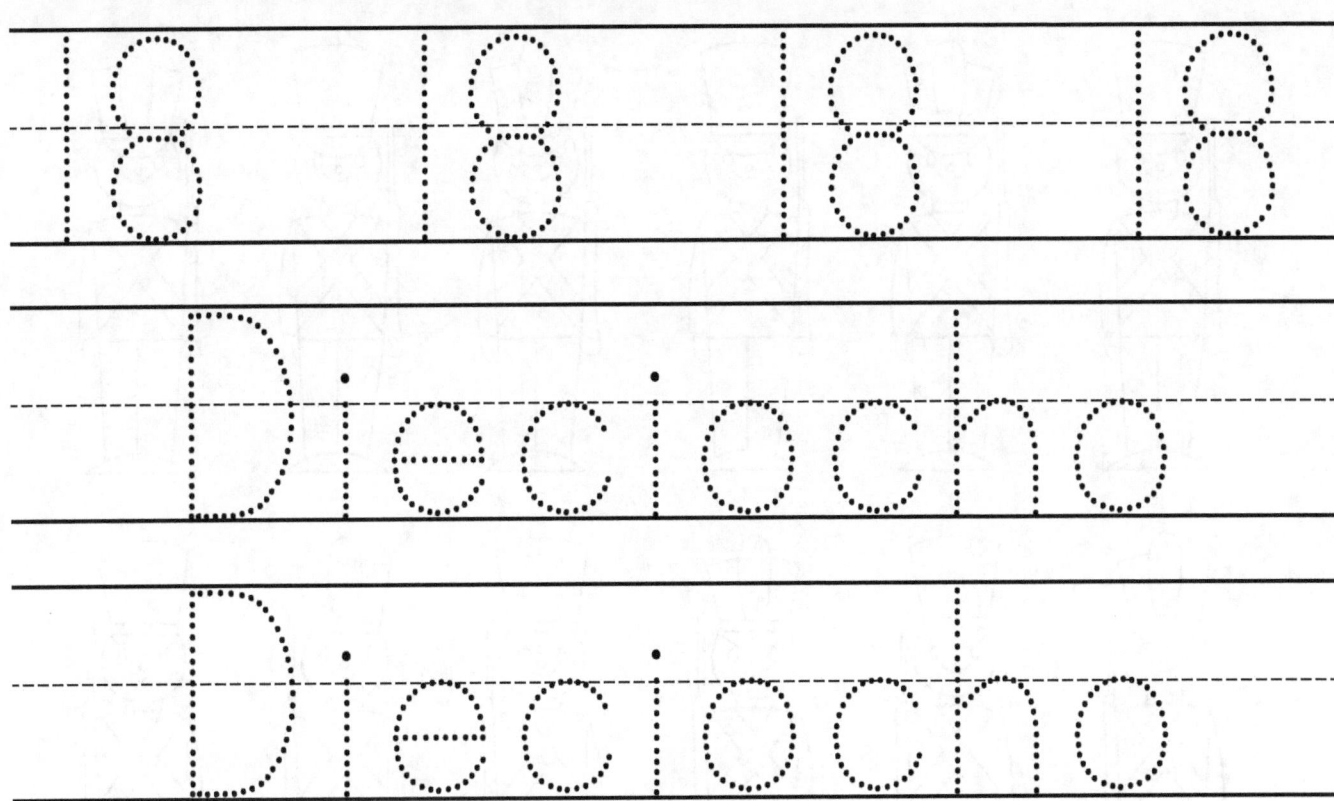

Ahora, practique escribiendo el número y la palabra numérica por su cuenta.

Nombre:_____

# Dieciocho

Colorea los 18 soldados.

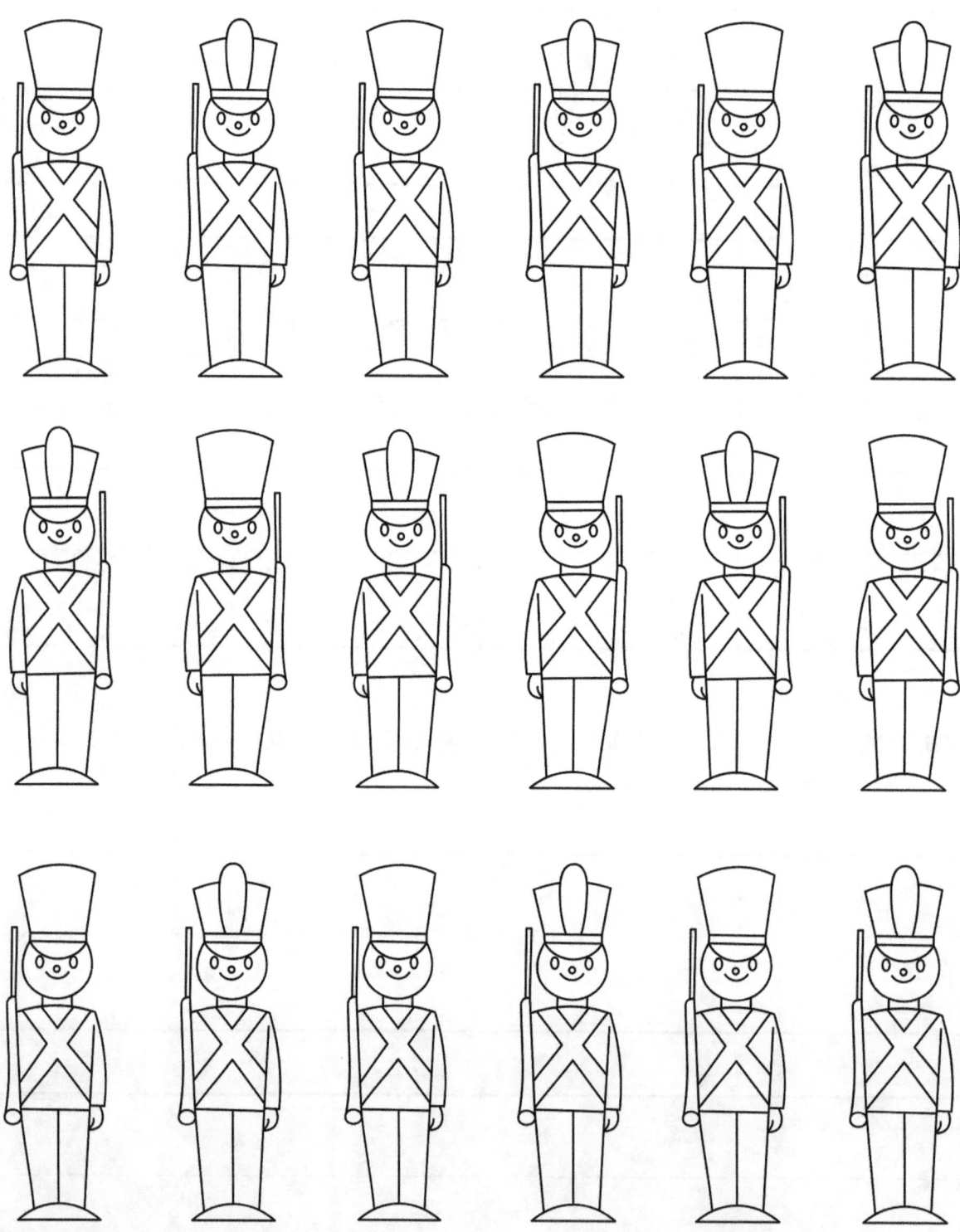

Nombre:_____

# Diecinueve

Colorea el número 19. Colorea los 19 sombreros.

Traza el número 19.

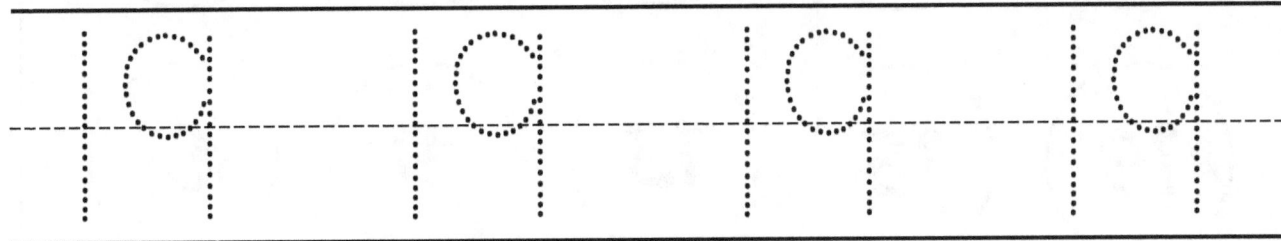

Encierra en un círculo el cuadro que muestra 19.

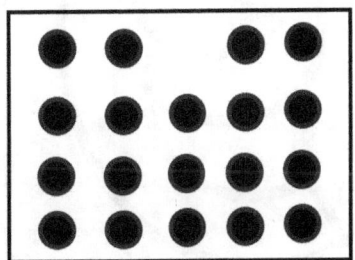 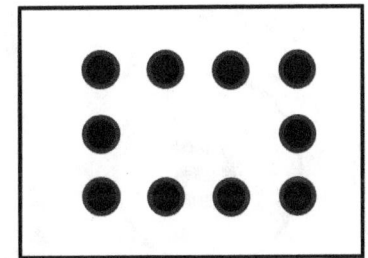 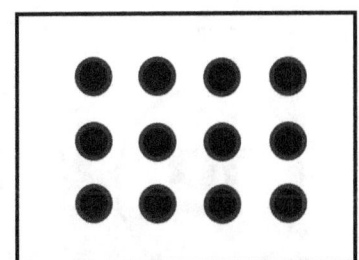

Nombre:_____

# Diecinueve

Colorea solo el número 19.

| 18 | 19 | 15 |
| 15 | 19 | 16 |
| 13 | 14 | 19 | 19 | 18 |
| 19 | 16 | 13 | 9 | 6 |
| 12 | 18 | 19 |
| 19 | 16 | 13 |

**19**

Nombre: _____

Colorea

Pinta

Busca y colorea

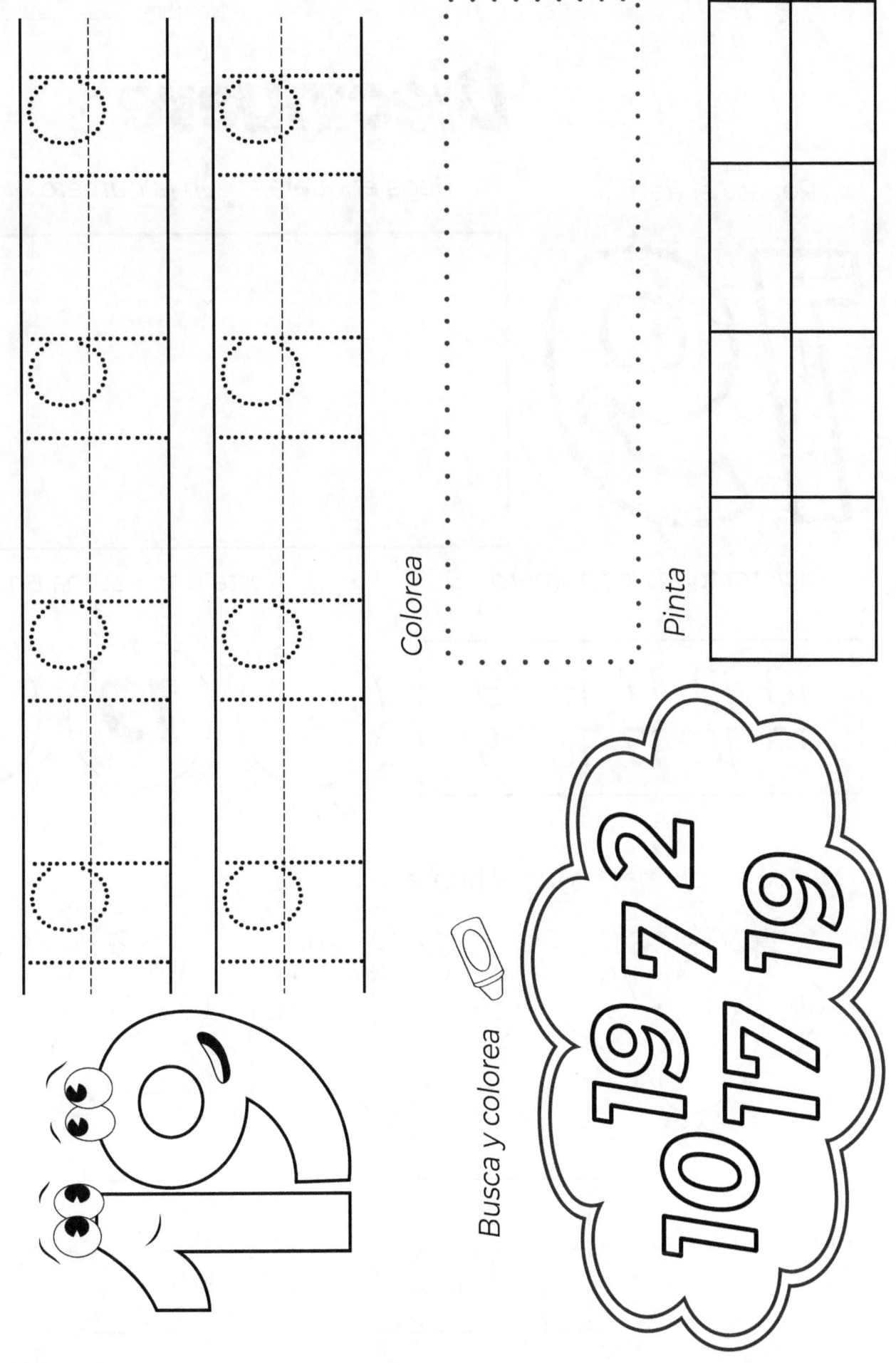

Nombre:_____

# Diecinueve

Repasa el trazo

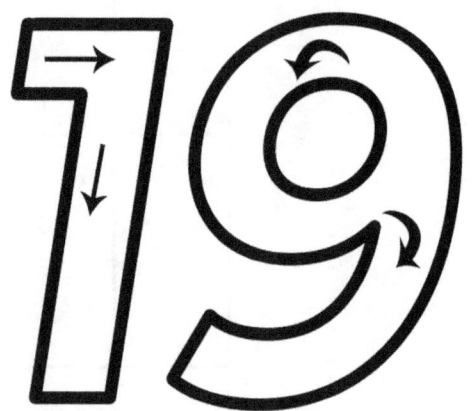

Pega etiquetas seún el número

Encierra todos los números 19

18 19 17 16 19
19 18 17 16 15

Resta uno y suma uno

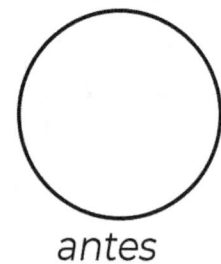  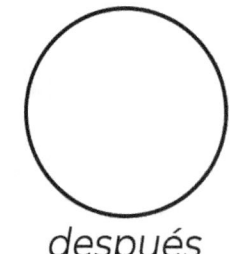

antes     después

Colorea las plumas según el número

Repasa la escritura    Diecinueve

Denver International SchoolHouse

Nombre:_____

# Diecinueve

Traza el número. Traza la palabra numérica.

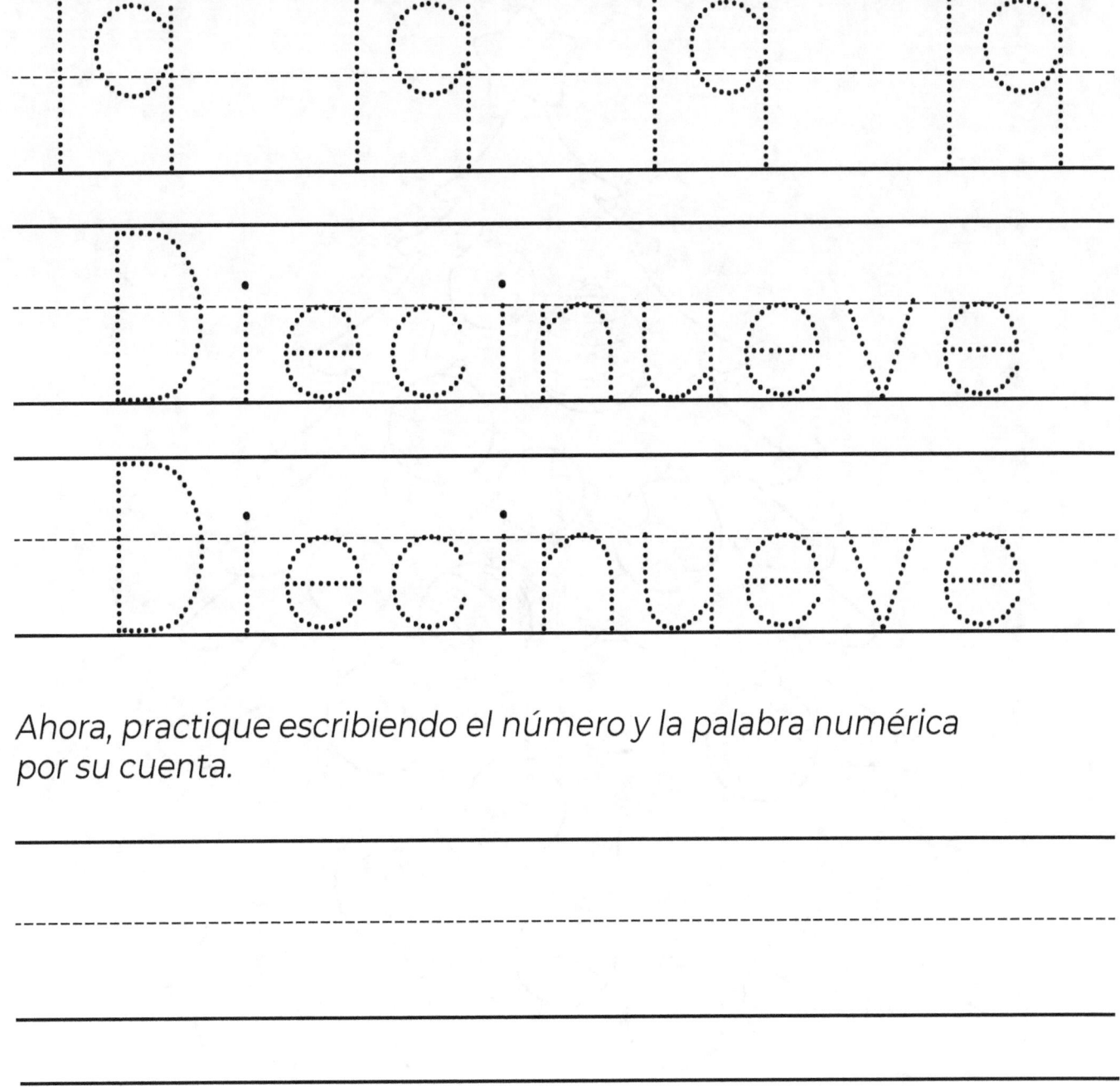

Ahora, practique escribiendo el número y la palabra numérica por su cuenta.

Nombre:_____

# Diecinueve

Colorea las 19 bolas del arbolito de navidad.

Nombre:_____

# Veinte

Colorea el número 20. Colorea los 20 abejas.

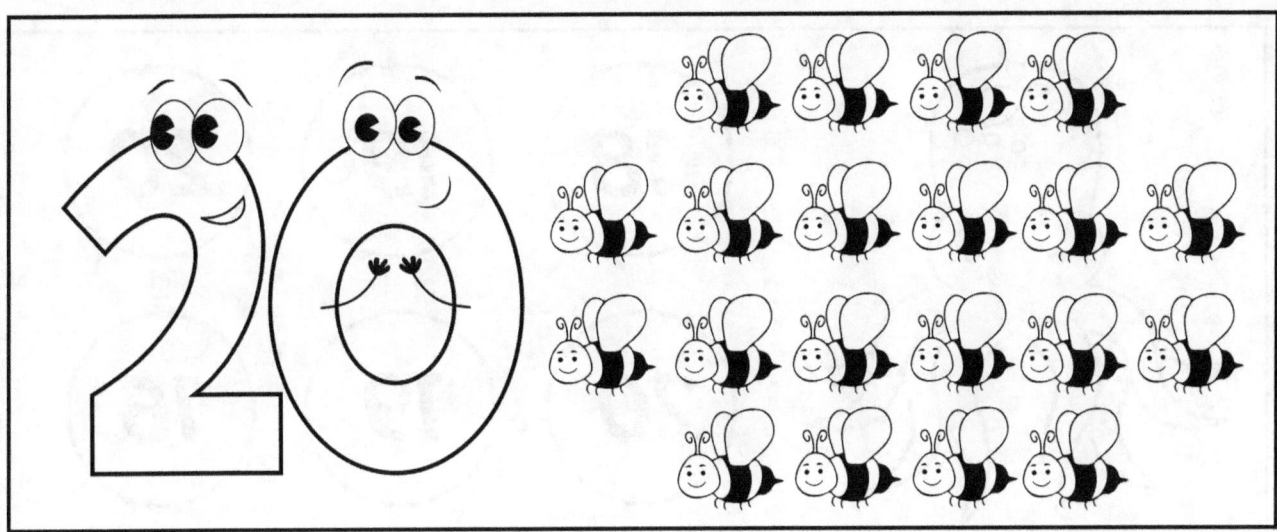

Traza el número 20.

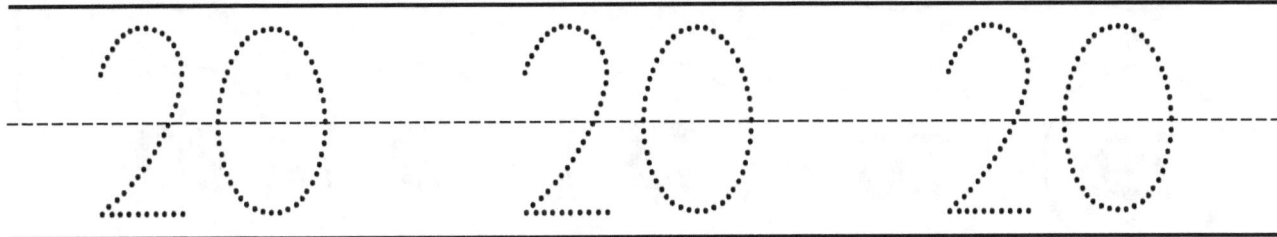

Encierra en un círculo el cuadro que muestra 20.

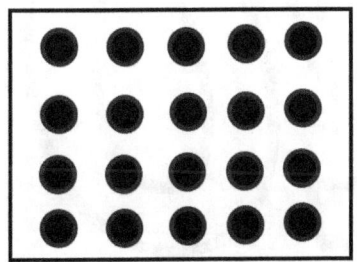 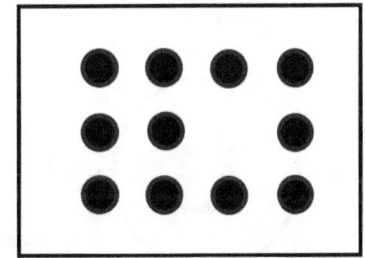 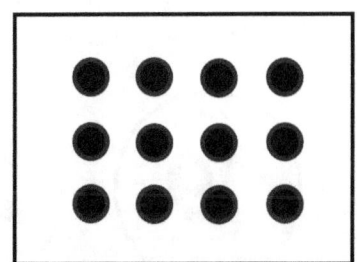

Nombre:_____

# Veinte

*Colorea solo el número 20.*

| | | 18 | 19 | 20 |
|---|---|---|---|---|
| | | 20 | 19 | 16 |
| 13 | 14 | 19 | 20 | 18 |
| 19 | 20 | 13 | 9 | 20 |
| 20 | 18 | 19 | | |
| 19 | 20 | 13 | | |

**20**

Nombre: _____

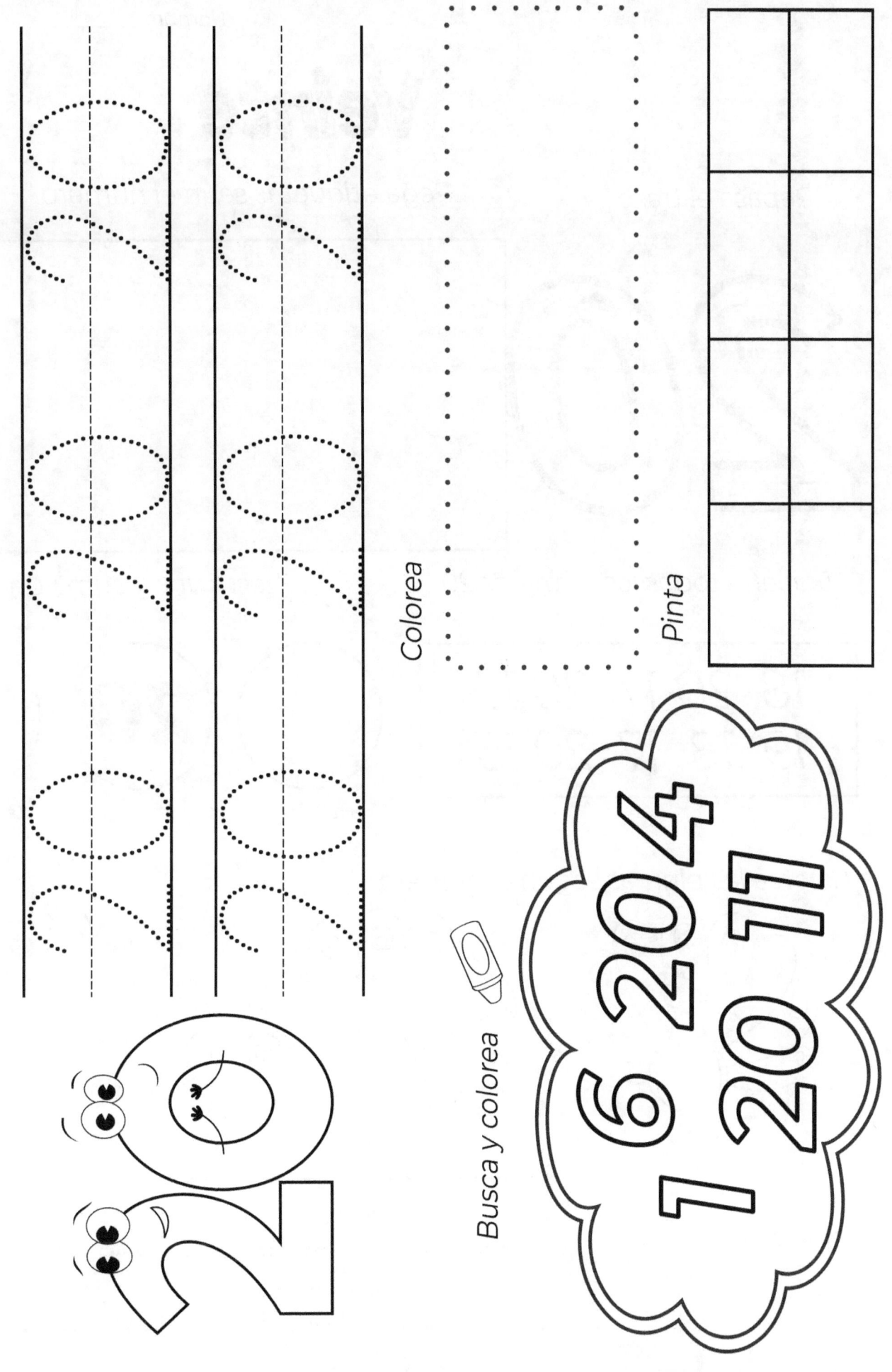

Colorea

Pinta

Busca y colorea

Nombre:_____

# Veinte

Repasa el trazo

Pega etiquetas seún el número

Encierra todos los números 20

18 20 17 20 19
19 18 17 20 15

Resta uno y suma uno

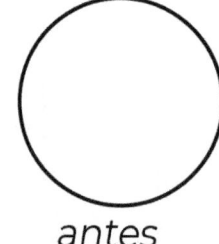  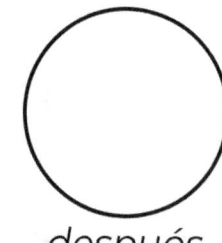

antes          después

Colorea las plumas según el número

Repasa la escritura    Veinte

Nombre:_____

# Veinte

Traza el número. Traza la palabra numérica.

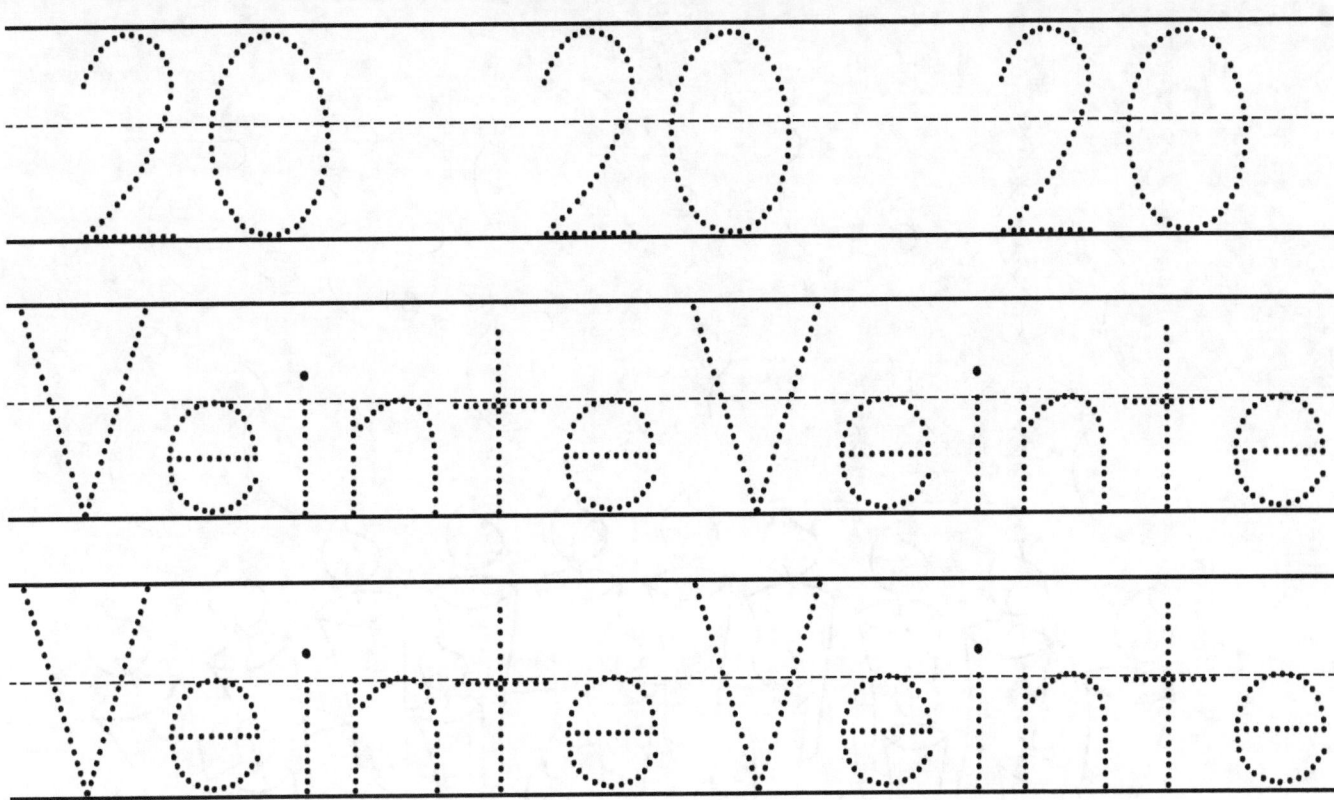

Ahora, practique escribiendo el número y la palabra numérica por su cuenta.

Nombre:_____

# Veinte

*Colorea las 20 velas.*

# Números 1-10

| | | | | | | | | |
|---|---|---|---|---|---|---|---|---|
| 1 | | 1 | | 1 | 1 | | 1 | 1 |
| 2 | 2 | 2 | | 2 | 2 | 2 | 2 | 2 |
| 3 | 3 | 3 | | 3 | | 3 | | 3 |
| 4 | 4 | 4 | | 4 | 4 | 4 | | 4 |
| | 5 | 5 | | 5 | 6 | 5 | | 5 |
| 6 | 6 | | | 6 | 7 | 6 | | 6 |
| | 7 | 7 | | 7 | | 7 | | 7 |
| 8 | 8 | | | 8 | | 8 | 8 | 8 |
| 9 | | 9 | | 9 | 9 | 9 | 9 | 9 |
| | 10 | 10 | | 10 | 10 | 10 | 10 | 10 |

Nombre:_____

# Revisión de números

*Cuenta y colorea. Encierra en un círculo cuántos.*

# Números 11-20

| 11 | 12 | 13 | 14 | 15 | 16 | 17 | 18 | 19 | 20 |
|----|----|----|----|----|----|----|----|----|----|
| 11 | 12 | 13 | 14 | 15 | 16 | 17 | 18 | 19 | 20 |
| 11 | 12 | 13 | 14 | 15 | 16 | 17 | 18 | 19 | 20 |
| 11 | 12 | 13 | 14 |    | 16 | 17 | 18 | 19 | 20 |
| 11 | 12 | 13 | 14 | 15 |    | 17 | 18 | 19 | 20 |
| 11 | 12 | 13 | 14 | 15 | 16 | 17 | 18 | 19 | 20 |
| 11 | 12 | 13 | 14 | 15 | 16 | 17 | 18 | 19 | 20 |
| 11 | 12 | 13 | 14 | 15 | 16 | 17 | 18 | 19 | 20 |
|    | 12 | 13 | 14 | 15 | 16 | 17 | 18 | 19 | 20 |

Nombre:_____

# Revisión de números

Encierra en un círculo el grupo con más.

 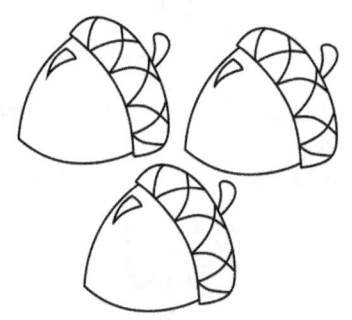

 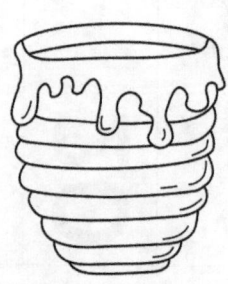

# Revisión de números

Nombre:_____

Encierra en un círculo el grupo con menos.

Nombre:_____

# Revisión de números

Cuenta. Escribe cuántos hay en total.

Total

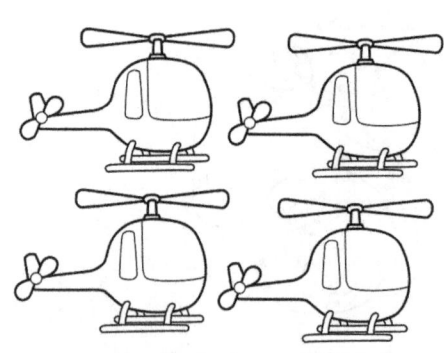 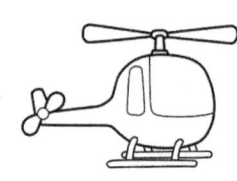 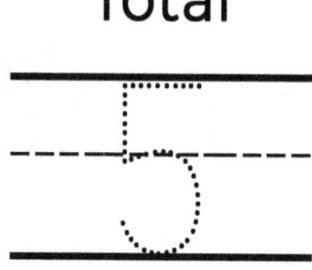

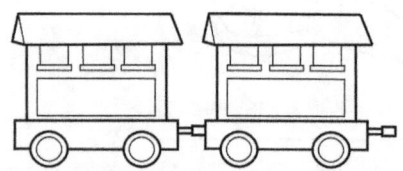 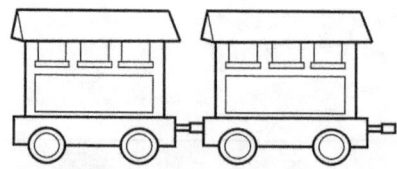

Denver International SchoolHouse 125

Nombre:_____

# Revisión de números

Cuenta. Escribe cuántos hay en total.

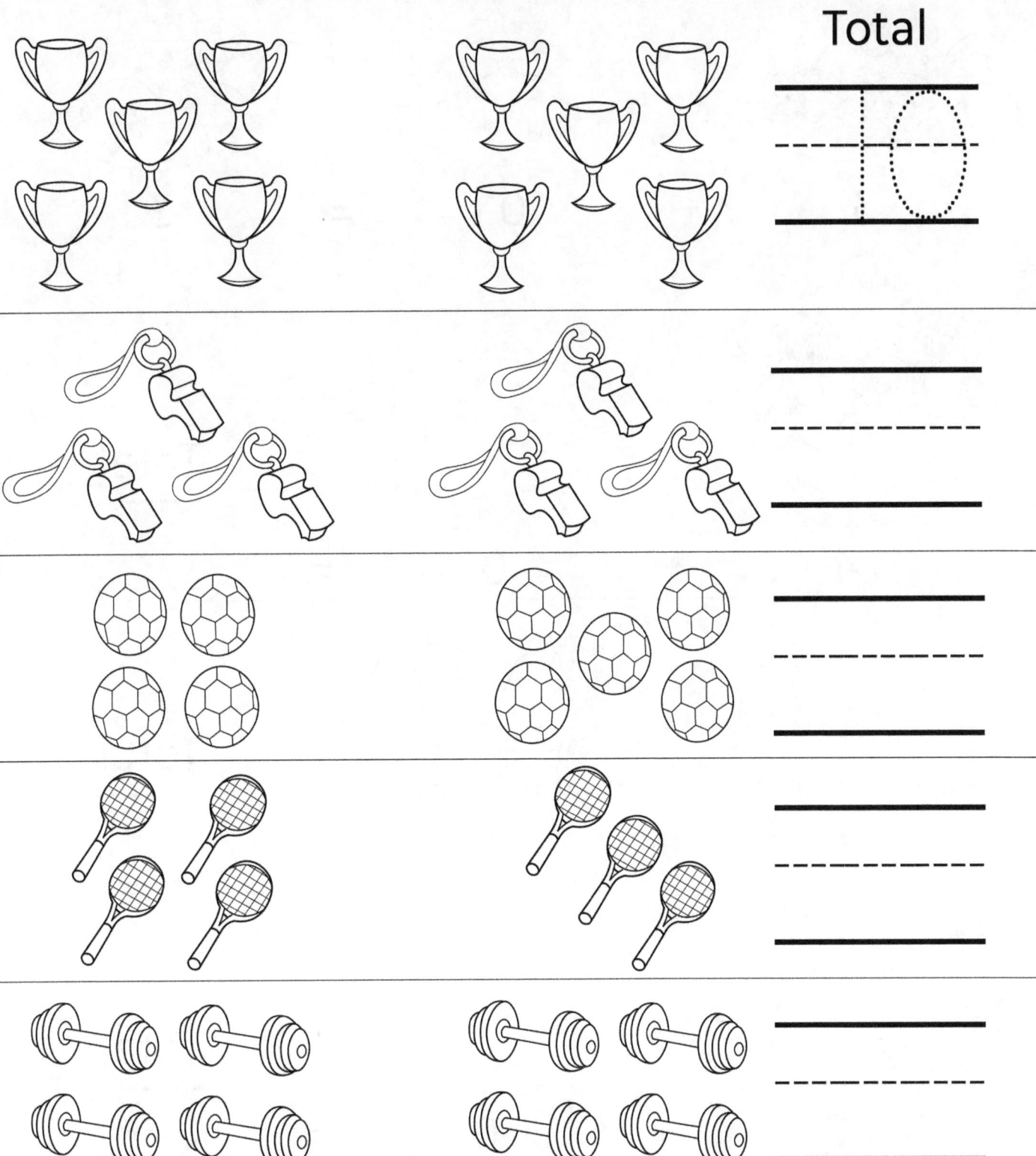

Nombre:_____

# Revisión de números

*Agregar. Escribe cuántos hay en total.*

  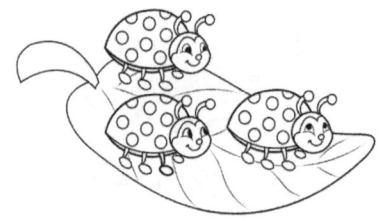

3 + 0 = 3

 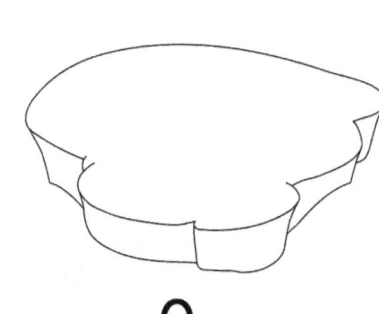

Total
_____

4 + 0 =

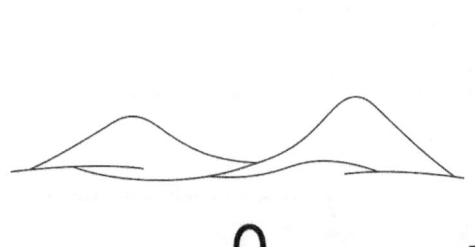  

Total
_____

0 + 2 =

Total
_____

2 + 0 =

Denver International SchoolHouse

Nombre:_____

# Revisión de números

Usa el número para colorear la imagen.

 3 tres

 1 uno

 2 dos

 4 cuatro

# Revisión de números

Usa el número para colorear la imagen.

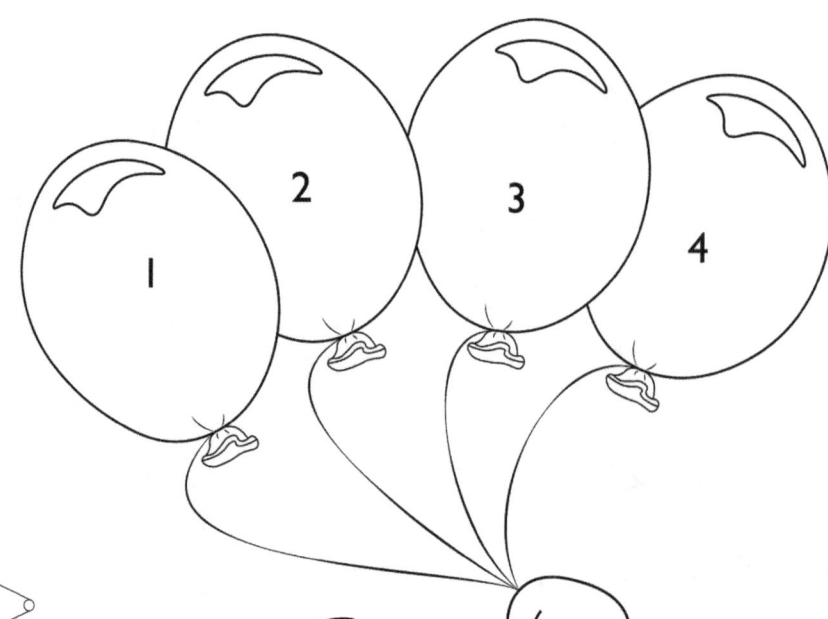

1 = azul

2 = rojo

3 = amarillo

4 = rosa

5 = marrón

Nombre:_____

# Revisión de números

*Usa el número para colorear la imagen.*

1 = gris   2 = naranja   3 = verde

4 = rojo   5 = rosa

Nombre:_____

# Revisión de números

*Usa el número para colorear la imagen.*

 6 seis

 5 cinco

 7 siete

 4 cuatro

Denver International SchoolHouse

Nombre:_____

# Revisión de números

Conecte los puntos del 1 al 20.

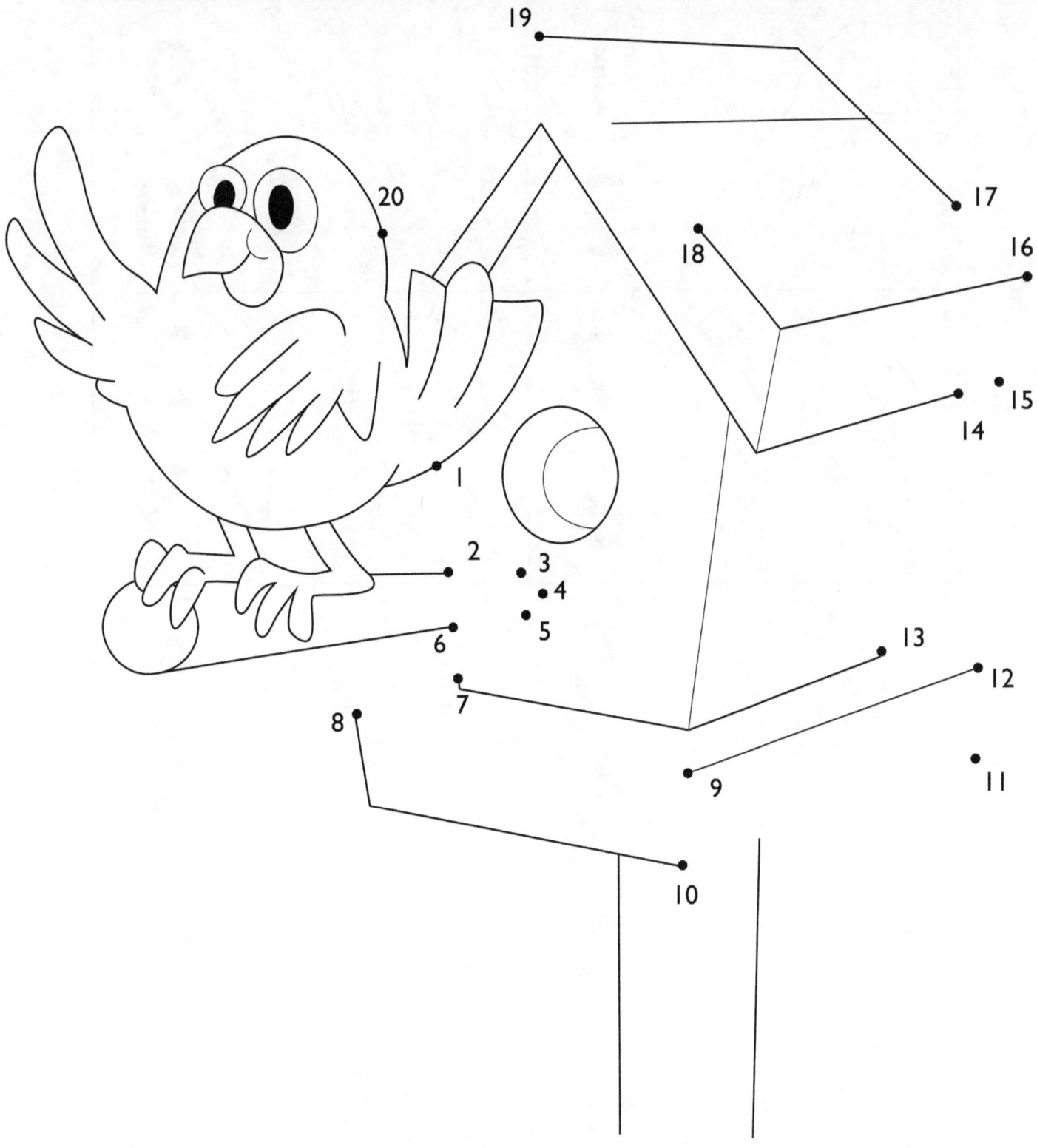

# Revisión de números

Cuenta los objetos. Colorea el número para mostrar cuántos hay.

Nombre:_____

Nombre:_____

# Revisión de números

Cuenta los objetos. Colorea el número para mostrar cuántos hay.

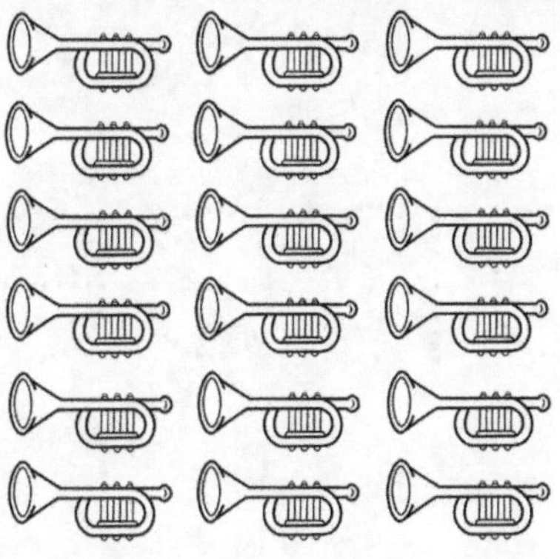

134  Denver International SchoolHouse

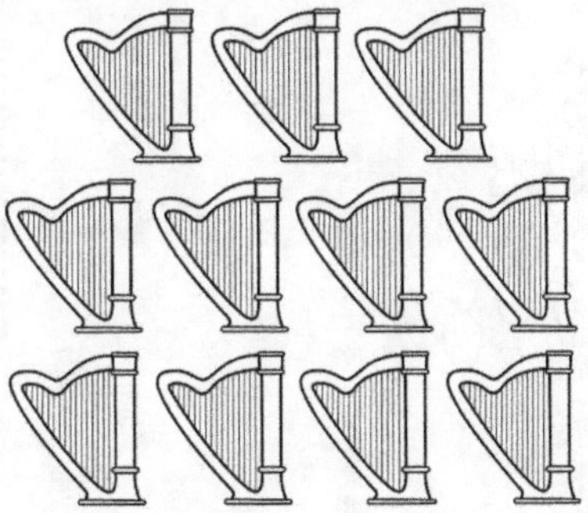

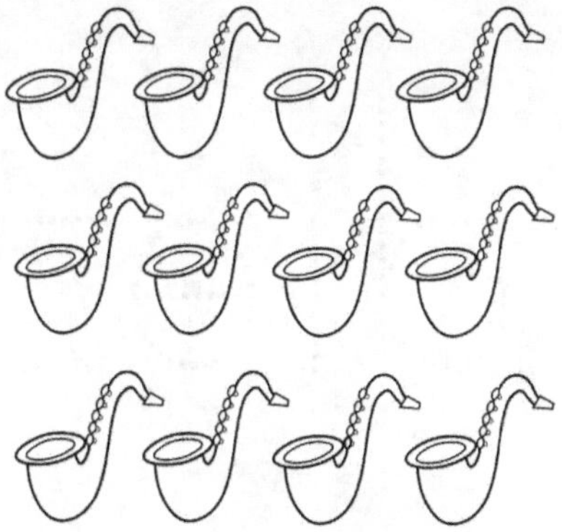

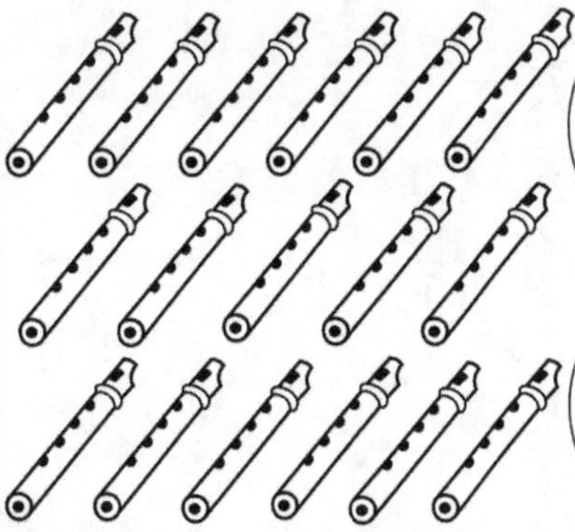

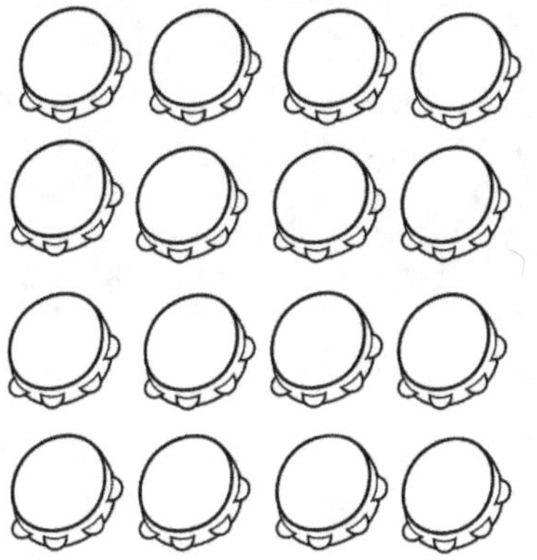

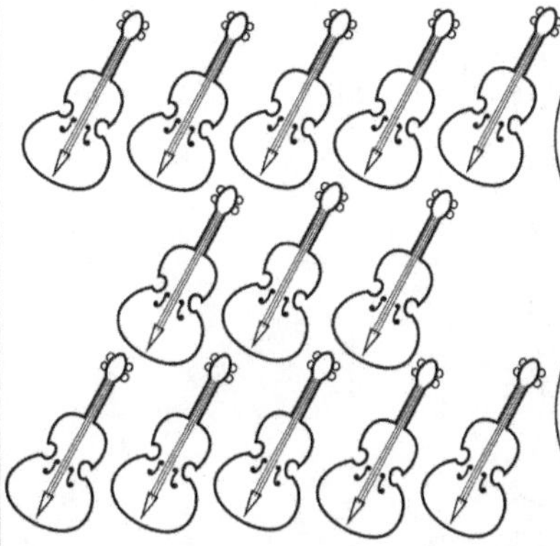

Nombre:_____

# Revisión de números

*Usa el número para colorear la imagen.*

11 once

10 diez

8 ocho

9 nueve

# Revisión de números

*Suma. Escriba cuántos hay.*

$$\begin{array}{r}2\\+1\\\hline3\end{array}$$

$$\begin{array}{r}3\\+2\\\hline\phantom{0}\end{array}$$

$$\begin{array}{r}1\\+1\\\hline\phantom{0}\end{array}$$

$$\begin{array}{r}1\\+3\\\hline\phantom{0}\end{array}$$

$$\begin{array}{r}2\\+2\\\hline\phantom{0}\end{array}$$

$$\begin{array}{r}2\\+1\\\hline\phantom{0}\end{array}$$

$$\begin{array}{r}1\\+2\\\hline\phantom{0}\end{array}$$

Nombre:_____

# Revisión de números

*Usa el número para colorear la imagen.*

13 trece

12 doce

15 quince

14 catorce

# Revisión de números

*Suma. Escriba cuántos hay.*

$$\begin{array}{r} 3 \\ +\ 2 \\ \hline 5 \end{array}$$

$$\begin{array}{r} 3 \\ +\ 3 \\ \hline \phantom{0} \end{array}$$

$$\begin{array}{r} 4 \\ +\ 3 \\ \hline \phantom{0} \end{array}$$

$$\begin{array}{r} 4 \\ +\ 4 \\ \hline \phantom{0} \end{array}$$

$$\begin{array}{r} 5 \\ +\ 5 \\ \hline \phantom{0} \end{array}$$

$$\begin{array}{r} 5 \\ +\ 4 \\ \hline \phantom{0} \end{array}$$

$$\begin{array}{r} 3 \\ +\ 3 \\ \hline \phantom{0} \end{array}$$

Denver International SchoolHouse

## Contáctenos:

Web: www.dispreschool.com

Teléfono: (303) 928-7535

Facebook: @dispreschool

Twitter: @DISPreschool

**Dirección:** 6295 S Main St B113, Aurora, CO 80016

www.ingramcontent.com/pod-product-compliance
Lightning Source LLC
Chambersburg PA
CBHW081415080526
44589CB00016B/2542